Geschlechterverhältnisse im Management von Organisationen

Ralf Lange

Geschlechterverhältnisse im Management von Organisationen

Rainer Hampp Verlag   München und Mering   1998

Die Deutsche Bibliothek - CIP-Einheitsaufnahme

Lange, Ralf:
Geschlechterverhältnisse im Management von Organisationen / Ralf
Lange. - München ; Mering : Hampp, 1998
    ISBN 3-87988-266-5

Liebe Leserinnen und Leser!
Wir wollen Ihnen ein gutes Buch liefern. Wenn Sie aus irgendwelchen
Gründen nicht zufrieden sind, wenden Sie sich bitte an uns.

© 1998   Rainer Hampp Verlag   München und Mering
           Meringerzeller Str. 16   D - 86415 Mering

Inhaltsverzeichnis

1 Einleitung, Erkenntnisinteresse und Aufbau der Arbeit

1.1 Einleitung

Die soziologische Organisationsforschung (vgl. z.B. Kieser 1993, Türk 1989a, 1989b) und die sozialwissenschaftlich orientierte Managementforschung (vgl. z.B. Ganter und Schienstock, 1993, Baethge et al., 1995) in der Bundesrepublik Deutschland zeichnen sich durch vielfältige theoretische Zugänge zum besseren Verständnis und zur effizienteren Gestaltung von Organisationen aus. Die Strukturkategorie Geschlecht ist in diesen Analysen bisher allerdings kaum als Forschungsschwerpunkt ins Blickfeld der Soziologie geraten. Theoretische Einsichten und empirisch gewonnene Erkenntnisse der sozialwissenschaftlichen Frauen- bzw. Geschlechterforschung sind, zumindest im deutschsprachigen Raum, für die Weiterentwicklung bzw. Korrektur existierender Erklärungsansätze in diesem Forschungsfeld weitestgehend unberücksichtigt geblieben. Diese Tatsache verwundert, denn in der Praxis von Organisationen und Unternehmen sind es zunehmend Frauen, die als Trägerinnen von sozialen Veränderungsprozessen in Erscheinung treten, um insbesondere die historisch gewachsenen geschlechtshierarchischen Strukturen und Prozesse in Organisationen aufzubrechen und neue Akzente z.B. im Führungskräftebereich zu setzen (vgl. z.B. Calás und Smircich, 1996, Domsch et al., 1994; Davidson und Cooper, 1984; Demmer, 1988; Gutek und Larwood, 1987; vgl. auch 4.1).[1]

Die Annahme, daß Geschlecht und Organisation zusammenhanglos sind und daß die Frage nach der Bedeutung von Geschlechterverhältnissen für Handlungen und Haltungen der Menschen in Organisationen keine Forschungsrelevanz besitzt, weil formale Organisationen unabhängig von den individuellen Merkmalen ihrer Mitglieder funktionieren, wurde in den vergangenen 10 Jahren v.a. durch britische und US-amerikanische Soziologinnen und Soziologen, die der Frauen- und Geschlechterforschung verpflichtet sind, nachhaltig erschüttert. Es entwickelte sich eine empirisch gestützte und theoretisch differenzierte Literatur über den Zusammenhang von Arbeitsanforderungen, Arbeitsverhalten, Hierarchie und Geschlechtsidentität u.a. mit Blick auf das Management von Organisationen (vgl. z.B. Acker, 1991, 1992; Mills und Tancred, 1992; Savage und Witz, 1992; Itzin und Newman, 1995; Cockburn, 1988, 1991; Powell, 1993; Gold, 1988; Bischoff, 1991; Schultz, 1991; Collinson und Hearn, 1994, 1996; Kerfoot und Knights, 1993, 1995 und 1996; Knights, 1995; Kanter, 1975, 1977; Pringle, 1988, 1989; Nicolson, 1996; Rastetter, 1994; Puchert et al., 1995;

---

[1]Die Frage nach möglichen Gründen für die Ignoranz und den Widerstand der deutschen Organisationssoziologie bzw. der sozialwissenschaftlichen Managementforschung gegenüber Erkenntnissen der jüngeren Frauen- bzw. Geschlechterforschung wäre eine eigene Untersuchung wert. Leider kann ich dieser Frage im Rahmen dieser Arbeit nicht nachgehen.

Manthey, 1991, 1992, 1993). Es zeigt sich dabei sehr deutlich, daß die Geschlechtszugehörigkeit ein durch formale Organisationen nicht aufzuhebendes Merkmal bei der Zuteilung von Erfolgschancen ist, sondern dem „sozialen Geschlecht" (vgl. Dietzen, 1993) eine herausragende Bedeutung bei der Gestaltung und Entwicklung von frauendiskriminierenden Strukturen und Prozessen in Organisationen zukommt. Der (Erwerbs-) Arbeitsmarkt im allgemeinen und Bürokratien und Organisationen im besonderen sind, so ein zentrales Ergebnis dieser Erkenntnissuche, strukturell determiniert durch die Vorherrschaft „hegemonialer Männlichkeit" (Connell, 1987, 1995b).[2] Diese Hegemonie führt in vielen Organisationen auf unterschiedliche Weise sowohl zu struktureller als auch manifester Diskriminierung von Frauen aufgrund ihrer Geschlechtszugehörigkeit. Wie Männer als potentiell mächtige Akteure und die Hegemonie eines männlichen Diskurses insbesondere im Management von Organisationen dazu beitragen, daß Kontroll- und Ordnungsinteressen von Männern über „ihre Welt der Organisation" reproduziert werden, soll im Rahmen dieser Arbeit soziologisch analysiert und aufgeklärt werden.

1.2 Erkenntnisinteresse und Eingrenzung des Themas

Die Benachteiligungen, die viele Frauen aufgrund ihres Geschlechts auf dem Arbeitsmarkt und v.a. im Management von Organisationen erfahren, sind durch die geschlechtsbezogene Arbeitsmarkt- und Berufsforschung (vgl. z.B. Beck-Gernsheim, 1981) und durch soziologische und psychologische Studien zum Thema „Frauen im Management" bekannt und gut dokumentiert (vgl. z.B. Adler und Izraeli, 1988, 1994; Hadler, 1995; Geissler, 1995; Calás und Smircich, 1996; Gutek und Larwood, 1987; Domsch et al., 1994; Domsch und Regnet, 1990; Powell, 1993; vgl. auch 4.1). Die dort untersuchten geschlechtsbezogenen Segregationsprozesse z.B. hinsichtlich der Aufteilung von Tätigkeiten und Berufen, hinsichtlich der Entlohnung oder hinsichtlich der generellen Aufstiegsmöglichkeiten in Organisationen bzw. Unternehmen belegen, daß Einstellungen, Traditionen, Erwartungen und kulturelle Normen fortleben, die Frauen nach wie vor daran hindern, höchste Positionen der Hierarchie mit entsprechendem Einfluß und Sozialprestige zu erreichen. Die hier vorgelegte soziologische Analyse der eher verborgenen, informellen Seite von Organisationen stellt sich die Aufgabe, Ursachen und Funktionsweisen der Reproduktion geschlechtshierarchischer Strukturen und Prozesse aufgrund des immanenten Zusammenhangs

---

[2] Der Begriff „hegemoniale Männlichkeit" geht auf den australischen Soziologen R.W. Connell zurück, der 1987 mit seinem Buch „Gender and Power" ein grundlegendes und theoretisch fundiertes Werk zur soziologischen Analyse der Geschlechterverhältnisse vorgelegt hat. Die Erläuterung von Bedeutung und Begründung dieses zentralen Begriffes sind Bestandteil dieser Arbeit (vgl. 2.5.1).

von Geschlecht, Macht, Sexualität und Emotionen in Organisationen herauszuarbeiten.

Erste Ergebnisse der geschlechtsbezogenen Organisations- und Managementforschung werden in dieser Arbeit zusammenfassend und vergleichend dargestellt und, in Anlehnung an Rastetters geschlechtervergleichende Analyse zu *„Sexualität und Herrschaft in Organisationen"* (1994), mit Türks Entwurf einer *„politischen Ökonomie der Organisation"* (1989a; 1993) ergänzt. Dabei wird insbesondere gefragt, weshalb der kritischen Analyse von Männern als Akteuren und „hegemonialer Männlichkeit" als dominierender Strukturkategorie eine besondere, bisher kaum beachtete Bedeutung zukommt, und weshalb ein vertieftes Verständnis der Funktions- und Wirkungsweisen der vorherrschenden patriarchalen Binnenstruktur v.a. im Management von Organisationen mit Frauen als potentiell und faktisch diskriminierten Organisationsmitgliedern ein Schlüssel zur Erklärung und nicht zuletzt Veränderung von geschlechtsbezogenen Segregationsprozessen in Organisationen sein kann (vgl. Collinson und Hearn, 1996).[3]

Außerdem soll erklärt werden, wodurch „hegemoniale Männlichkeit", also die strukturelle und faktische Dominanz einer bestimmten Form von Männlichkeit im Management von Organisationen (untersucht wird insbesondere der Erwerbsarbeitsbereich), erhalten bleibt und welche Kontinuitäten, aber auch welche Widersprüche zwischen unterschiedlichen Managementansätzen und den historisch verschiedenen Männlichkeitskonstruktionen beschrieben werden können. Dabei wird u.a. geprüft, ob die wachsende Bedeutung sozialer Beziehungen und die steigenden Anforderungen an eine kompetente Ausgestaltung sozialer Interaktionsprozesse in Organisationen und Unternehmen in Widerspruch zu hegemonialen Formen konkurrenz- und aufstiegsorientierter bzw. paternalistischer Männlichkeiten im Management geraten könnten. Welche Konsequenzen sich aus diesen Entwicklungen für Frauen im Management ergeben könnten, wird in diesem Zusammenhang diskutiert.

Der analytische Fokus auf die soziale Konstruktion von Männlichkeiten in Organisationen als spezifische, sozial und historisch wandelbare Kategorie im Rahmen dieser Arbeit ist Teil einer weitergehenden Diskussion, die die dynamischen Prozesse innerhalb historisch veränderbarer Geschlechterverhältnisse zu ergründen sucht (vgl. z.B. Connell 1987, 1995b; Seidler 1989, 1994; Armbruster et al., 1995; Knapp und Wetterer, 1992). Die Arbeit versteht sich somit als konstruktiver Beitrag zur sozialwissenschaftlichen Geschlechterforschung

---

[3]Männlichkeit bzw. Männlichkeiten sollen dabei verstanden werden als soziale Konstruktionen, die kontinuierlich und prozeßhaft in historisch veränderbaren sozialen Figurationen (Elias, 1976) reproduziert werden (zum Konzept „hegemoniale Männlichkeit bzw. der „multiple masculinities" vgl.: Brittan 1989; Connell 1987, 1995a, 1995b; Hearn 1992; und Abschnitt 2.5 dieser Arbeit).

und dient nicht zuletzt der Weiterentwicklung sozialwissenschaftlicher Ansätze zum besseren Verständnis von Management und Organisation. Es handelt sich um eine vergleichende Literaturanalyse ohne eigene empirische Untersuchungen zum obigen Problemfeld, dessen theoretisch und empirisch fortgeschrittenste Forschungsergebnisse sich in der englischsprachigen soziologischen Literatur finden lassen. Diese Quellen, die bisher in Deutschland kaum rezipiert wurden, werden in den Argumentationsgang integriert.

1.3 Aufbau der Arbeit

Die Arbeit ist in drei Abschnitte unterteilt, die einen systematischen Zugang zum oben beschriebenen Themenfeld ermöglichen. Der erste Abschnitt dient der geschlechtertheoretischen Fundierung des Themas. Neben einem kurzen historischen Abriß zur Polarisierung der Geschlechter im Denken und Handeln der Menschen moderner Gesellschaften und einem Rückblick auf verschiedene Entwicklungsstränge sozialwissenschaftlichen Nachdenkens über soziale Konstitu-tionsbedingungen des Geschlechterverhältnisses, werden wesentliche Erkenntnisse zur geschlechtsspezifischen Sozialisation entlang des Lebenslaufs und Überlegungen zur sozialen Konstruktion der Geschlechter in Geschlechterverhältnissen dargestellt. Dabei werden u.a. wichtige Begriffe, die in der Arbeit verwendet werden, erklärt. Der Überblick zum Forschungsstand wird anschließend bezogen auf die Konstruktion von Männlichkeit durch die Betonung von Differenzen zwischen verschiedenen Formen von Männlichkeiten ergänzt. Erläuterungen zu aktuellen Veränderungen im Geschlechterverhältnis und zur These der „Krise der Männlichkeit" beschließen den theoretischen Teil zur sozialen Konstruktion der Geschlechter im System der Zweigeschlechtlichkeit.

Im zweiten Abschnitt werden zunächst anhand von zwei historischen Beispielen aus der Organisationsforschung die „Geschlechtsblindheit" bisheriger Organisationsanalysen und die daraus resultierenden Verkürzungen und Verzerrungen bisherigen Wissens über Organisationen belegt, um daran anknüpfend die v.a. im englischsprachigen Raum geführte Debatte zum Zusammenhang von Geschlecht und Organisation nachzuzeichnen. An verschiedenen Stellen wird der Blick dabei auf Geschlechterverhältnisse im Management von Organisationen als hier besonders interessierender Bereich gerichtet. Ackers (1991, 1992) Konzept der vergeschlechtlichten Organisation bemüht sich um eine theoretische Integration bestehender Erklärungsansätze. Ihr theoretischer Entwurf wird mit Rastetters (1994) Ausführungen zum Zusammenhang von Geschlecht, Sexualität und Herrschaft ergänzt und mit organisationstheoretischen Überlegungen von Türk (1989, 1993) bzw. Stolz und Türk (1992) verbunden. Anschließend wird der Fokus stärker auf Erscheinungs- und Wirkungsweisen von Sexualität und Emotionen in Organisationen verlagert, um zu begründen, auf welche Weise sowohl die Unterdrückung als auch die Nutzung von Geschlecht, Sexualität und Emotionen zur Reproduktion bzw. Transformation der vorherrschenden hierarchischen Geschlechterordnung in Organisationen wirksam werden.

Darauf aufbauend wird die Blickrichtung im dritten Abschnitt explizit auf vergeschlechtliche Strukturen, Prozesse und Praktiken im Management von Organisationen gelenkt. Dazu wird zunächst der Forschungsstand zum Thema „Frauen im Management" skizziert und kritisch gewürdigt, um anschließend das Management als „Bühne" zur Reproduktion „hegemonialer Männlichkeit" zu beschreiben. Der historische Wandel und die spannungsreiche soziale Dynamik von Management und Männlichkeit werden mit Hilfe von Forschungsergebnissen aus empirischen Untersuchungen im Management von Unternehmen des britischen Finanzdienstleistungsbereichs dargestellt, um daran anknüpfend die Frage zu erörtern, ob zeitgenössische Unternehmens- und Managementphilosophien, die das Ideal der allseitig entwickelten (männlichen) Managerpersönlichkeit als Vision vollendeter Autonomie propagieren, wirklichkeitsnahe und widerspruchsfreie Perspektiven für Führungskräfte in Organisationen darstellen, und ggf. sogar emanzipatorische Kräfte für ein verändertes Geschlechterverhältnis im Management entwickeln, oder ob es sich bei diesen Suchbewegungen im Management nur um „alten Wein in neuen Schläuchen" handelt. Ausführungen zur Bedeutung von Geschlecht, Sexualität und Herrschaft in Männerdomänen mit Blick auf männerbündische Mechanismen im Management zur Reproduktion männlicher Hegemonie unter Ausschluß von Frauen runden den dritten Abschnitt dieser Arbeit ab.

Im abschließenden Teil der Arbeit werden neben zusammenfassenden Bemerkungen offene Fragen für weitergehende Forschungen auf diesem Gebiet skizziert.

2 Die soziale Konstruktion der Geschlechter im System der Zweigeschlechtlichkeit

Das Verhältnis der Geschlechter wurde von Frauen und Männern verschiedener Epochen, Kulturen und Gesellschaftsformen auf unterschiedlichste Weise wahrgenommen, erfahren und gedeutet, nicht selten verbunden mit leidvollen Erlebnissen. Das Nachdenken über die Stellung von Mann und Frau in der modernen Gesellschaft und die damit einhergehende soziale Alltagspraxis der Menschen war und ist Teil populärer und sozialwissenschaftlicher Analysen der Gesellschaft. Dieser Abschnitt der Arbeit beleuchtet einige Grundzüge der geistes- und sozialwissenschaftlichen Deutungsmuster zum Geschlechterverhältnis, um damit für den folgenden Argumentationsgang eine analytische Grundlage zu schaffen.

Nach einem kurzen geschichtlichen Rückblick zum Wandel des Geschlechterverhältnisses im 18. und 19. Jahrhundert im Zuge der sich entwickelnden modernen Industriegesellschaft (2.1) wird beschrieben, welchen Erklärungsansatz die Soziologie in ihrer struktur-funktionalistischen Ausrichtung zur Differenz der Geschlechter anbietet. Diese Analyse wird mit jüngeren sozialwissenschaftlichen Deutungsmustern der Frauen- und Geschlechterforschung kontrastiert und kritisch hinterfragt (2.2). Weitere Ausführungen zur geschlechtsspezifischen Sozialisation (2.3) und zur These der sozialen Konstruktion der Geschlechter in Geschlechterverhältnissen (2.4) ergänzen den Überblick zum Forschungsstand. Ansätze zur kritischen Reflexion von Männlichkeit als Strukturkategorie werden anschließend beschrieben, um für die Analyse von Geschlechterverhältnissen im Management von Organisationen eine zusätzliche analytische Grundlage zu schaffen (2.5). Ein Überblick zu aktuellen Veränderungen im Geschlechterverhältnis runden den einleitenden geschlechtertheoretischen Abschnitt der Arbeit ab (2.6).

2.1 Die Polarisierung der Geschlechter in der modernen Gesellschaft

Die Geschichte des abendländischen Denkens ist bezogen auf das Verhältnis der Geschlechter stark durch dichotome Deutungsmuster geprägt (Lloyd, 1985). Unterscheidungen wie aktiv - passiv, rational - emotional, stark - schwach, objektiv - subjektiv, Kultur - Natur, Geist - Körper usw. kennzeichnen dieses Denken in Dichotomien. Dabei ist entscheidend, daß die konstruierten Gegensätze stets in einem hierarchischen Verhältnis zueinander stehen, wobei Weiblichkeit mit Attributen wie passiv, emotional, subjektiv, schwach, Natur, Körper versehen wird, während Männlichkeit durch Zuschreibungen wie aktiv, rational, objektiv, stark, Kultur und Geist charakterisiert wird. Durch diese begriffliche Polarisierung, die Haltungen (Einstellungen, Überzeugungen, Glaubensgrundsätze, Wünsche usw.) und Handlungsweisen von Frauen und Männern im Geschlechterverhältnis bewußt und unbewußt beeinflußt haben, wird bereits sprachlich deutlich, daß sich das „Weibliche" als Abweichung von der Norm des „Männlichen" unterzuordnen hat (Brück et al., 1992: 55 f.; Bublitz, 1993: 60 ff.).

> „Das Weibliche erscheint als Gegensatz zu Kultur und Fortschritt, erscheint 'als dunkle Seite der Aufklärung'. Zur gleichen Zeit, als sich das -männliche- Subjekt als souveränes, autonomes Individuum konstituiert, das sich -mit Selbstbewußtsein und der Definitionsmacht erkenntnistheoretischer Kompetenz ausgestattet- gegen Natur und Sinnlichkeit abgrenzt, werden Frauen auf Natur zurückgeworfen und mit Hilfe der neuentstehenden, von Männern formulierten Wissenschaften vom Menschen auf ihre - empirisch allerdings nicht erhärtete- organische Ausstattung festgelegt und damit aus dem gesellschaftlich-kulturellen und wissenschaftlichen Fortschritt (...) ausgegrenzt." (Bublitz, 1993: 60)

Frauen wurden im Diskurs der Aufklärung wie Kinder oder exotische „Wilde" beschrieben, ohne Verstand und Reflexionsfähigkeit. Als vernunftbegabte und zivilisierte Menschen galten ausschließlich Männer, die damit gesellschaftlich zu Trägern von Fortschritt und Kultur stilisiert wurden. Im Zuge der sich entwickelnden modernen Industriegesellschaft im 18. und 19. Jahrhundert wurde die obige Charakterisierung und Bewertung der Geschlechterunterschiede zu einer wesentlichen Legitimationsgrundlage für die geschlechtliche Arbeitsteilung entlang der Trennung zwischen „politisch-öffentlichen" und „privathäuslichen" Lebensbereichen (Dietzen, 1993: 45 ff.; Klein, 1994: 205 ff.). In historisch-vergleichenden Forschungen konnte belegt werden, daß die Geschlechterhierarchie immer dann deutlichere Ausprägungen annimmt, wenn die obigen zwei „Sphären" stärker voneinander separiert sind und eindeutiger dem einen oder anderen Geschlecht zugeordnet werden (Kelly-Gadol, 1989).

Die uns heute so vertraut erscheinende Trennung von Produktion und Reproduktion und die damit einhergehende Festlegung der Frauen auf reproduktive Tätigkeiten im häuslich-privaten Bereich gab es in vorindustrieller Zeit nicht. Männer und Frauen unterschieden sich zwar nach sozialen Positionen, v.a. der Standeszugehörigkeit und den entsprechenden Tugenden, Frauenerwerbsarbeit war gleichwohl in der mittelalterlichen Agrar- und Handwerkswirtschaft üblich und nicht zuletzt eine für viele Familien zum Überleben notwendige Bedingung des Lebens (Wolf-Graaf, 1981; Hausen, 1976).

> „Erst die Industrialisierung und die sich damit entwickelnde zentralisierte Warenproduktion zerstörte die Familien- bzw. Haushaltsproduktion; die bis dahin übliche Arbeitsteilung zwischen Mann und Frau entwickelte sich zu einer Trennung in die Bereiche der männlichen Lohnarbeit und weiblichen Hausarbeit. Die Abhängigkeit der Lohnarbeit von der Hausarbeit und damit die Leistungen der Frau wurden unsichtbar." (Klein, 1994: 206)

Die Entwicklung der bürgerlich-kapitalistischen Gesellschaft führte vor dem Hintergrund der industriellen Revolution zu einer fortschreitenden Dissoziation von Erwerbs- und Familienleben, wobei Frauen und Männern unter Berufung auf tradierte Zuschreibungen von sog. „natürlichen" Fähigkeiten und Eignungen unterschiedliche Aufgabenbereiche zugewiesen wurden. Mit der Einführung des Begriffs „Geschlechtscharakter" zu dieser Zeit wurden erstmals geschlechtsspezifische Verhaltensweisen

> „als eine Kombination von Biologie und Bestimmung aus der Natur abgeleitet und zugleich als Wesensmerkmal in das Innere des Menschen verlegt." (Hausen, 1976: 369 f.)

Biologie und Anatomie wurde gleichsam zum Schicksal und bedeutete für Frauen die physiologische Reduktion auf bloße Gebärfähigkeit und die Festlegung auf die Mutterrolle als Lebensmittelpunkt im häuslichen Bereich ohne Anschluß an gesellschaftlich-kulturelle und wissenschaftliche Entwicklungen.[4] Gleichzeitig mußten sich Männer aufgrund der gesellschaftlichen Zuschreibungen in eindimensionaler Weise auf Lohnarbeit in Industrie und Handwerk als männlichem Lebensmittelpunkt konzentrieren, ohne Rücksicht auf ggf. vorhandene Interessen, Wünsche und Neigungen jenseits der Sphäre der Produktion. Dabei waren im geforderten männlichen Selbstverständnis Gefühle und Emotionen schädliche und zu verdrängende Aspekte des Lebens, denn das Selbstbild eines autonomen (männlichen) Subjekts basierte spätestens seit der Aufklärung auf der engen Verknüpfung von Vernunft, Selbstbeherrschung/Disziplin, wissenschaftlich-technologischem Fortschritt, Autonomie und Männlichkeit.

Seidler (1989, 1994) weist darauf hin, daß dieses auf Kant zurückgehende Menschenbild (genauer: Männerbild, denn es galt nur für Männer) und die damit verbundenen Zuschreibungen an Frauen und Männer entscheidenden Anteil an der ideologischen und faktischen Unterordnung der Frauen unter die Männer hatte und sich gleichzeitig für viele Männer neben den Vorteilen aus dieser Entwicklung[5] ein Verlust an Lebensqualität und Erfahrungsmöglichkeiten ergab, denn um als Mann in der bürgerlich-kapitalistischen Gesellschaft bestehen zu können, galt es, alle als „weiblich" bezeichneten Wesenszüge (s.o.) zu verleugnen und zu verdrängen. Der moderne Mensch (Mann) sollte insbesondere seinen Emotionen, Gefühlen und dem körperlich-sexuellen Verlangen mißtrau-

---

[4]Dies galt in noch verschärfter Form für Frauen aus dem Proletariat, die neben den Pflichten im reproduktiven Bereich in vielen Fällen ebenfalls in Manufakturen und Fabriken schwere Erwerbsarbeit leisten mußten, um die materielle Versorgung der Familie sicherzustellen. Nicht wenige bürgerliche Frauen des 19. Jahrhunderts empfanden es zurecht als Privileg, bei diesen menschenverachtenden Arbeitsbedingungen nicht gezwungen zu sein, Lohnarbeit leisten zu müssen. Gleichzeitig entwickelte das Ideal der bürgerlichen Familie mit der tradierten Arbeitsteilung entlang der Geschlechtergrenze auch für Familien aus proletarischen Milieus eine beachtliche Ausstrahlungskraft (Hausen, 1976: 383).

[5]Connell (1995) entwickelte hierfür den Begriff der „patriarchalen Dividende" (vgl. 2.5.1)

en, denn diese Aspekte des Lebens galten als gefährlich, böse und v.a. unvernünftig. Sie widersprachen dem Ideal eines autonomen, zivilisierten Subjekts mit Würde und Verstand und es setzte sich vor diesem Hintergrund ein umfassender körper- und emotionsbezogener Entfremdungsprozess fort, dessen historische Wurzeln bis in die mittelalterlich-höfische Gesellschaft zurückreichen (vgl. Elias, 1976) . Die behauptete moralische Überlegenheit von Männern aufgrund der ideologisch begründeten Verknüpfung von Männlichkeit, Rationalität und Fortschritt in der modernen Gesellschaft fand eine materielle Entsprechung in der sich durchsetzenden geschlechtlichen Arbeitsteilung im Alltag von Frauen und Männern, die, wie sich schnell zeigte, für den kapitalistischen Arbeitsprozeß in hohem Maße funktional war.

Neben der Generalisierung des Mannes als quasi geschlechtslosem Menschen, der Kultur, Geist und Moral verkörperte, entwickelte sich in der Moderne die Vorstellung von der Frau als Geschlechtswesen. Die „Natur" des Weiblichen, insbesondere die Gebärfähigkeit galt fortan als determinierende Größe für die wissenschaftlich legitimierte Hierarchie der Geschlechter und deren Unveränderlichkeit (vgl. Honegger, 1991). Die Naturalisierung der Geschlechterunterschiede, deren wissenschaftliche Legitimation v.a. durch die entstehende Gynäkologie und die klassische Psychoanalyse als medizinische Teildisziplinen und die lebhafte alltagsweltliche Mythenbildung entlang der Geschlechtergrenze trugen entscheidend dazu bei, daß eine Geschlechterhierarchie etabliert werden konnte, die noch heute zu einem dominierenden Strukturprinzip in vielen Bereichen der Gesellschaft gezählt werden muß. Was die Sozialwissenschaften zur Analyse und Kritik dieses Strukturprinzips beigetragen haben, ist Thema des folgenden Abschnitts.

2.2 Das Geschlechterverhältnis als sozialwissenschaftliches Forschungsfeld: Von der Geschlechtsrolle zum Geschlecht als gesellschaftlicher Strukturkategorie

Sozialwissenschaftliche Forschungen zur Geschlechterdifferenz bieten ein äußerst widersprüchliches Bild von Erkenntnissen, die kaum vermittelbar scheinen. Neben individual- und sozial-psychologischen Studien zu angeblich objektiv meßbaren Unterschieden der Geschlechter, die im wesentlichen zu bestätigten scheinen, daß es psychologische Geschlechterunterschiede gibt[6], diese

---

[6]Brück et al. (1992: 62) führen aus, daß aufgrund psychologischer empirischer Forschung z.Zt. als gesicherte Erkenntnis gilt, daß Männer im allgemeinen aggressiver als Frauen sind, daß Frauen durchschnittlich größere verbale Fähigkeit haben und Männer den Frauen im Hinblick auf visuell-räumliches und mathematisches Denken überlegen sind. Gleichzeitig kritisiert sie an diesen Ergebnissen, daß sie ohne Bezüge zum situativen und gesellschaftlichen Kontext gewonnen wurden und häufig recht willkürlich aufgrund der bekannten geschlechtstypischen Deutungsmuster interpretiert wurden (vgl. auch Fußnote 14).

gleichwohl in den seltensten Fällen eindeutig dem männlichen oder weiblichen Geschlecht zuzuordnen sind (Brück et al., 1992: 61; Rudinger und Bierhoff-Alfermann, 1979: 211-239), existieren kulturanthropologische, soziobiologische, historische und soziologische Erklärungsansätze, letztere z.t. verknüpft mit psychoanalytischen Kategorien.[7] Die extremen Pole bilden dabei anthropologische Ansätze auf der einen Seite (z.B. Mead, 1958), die die kulturell und gesellschaftlich hergestellte Differenz der Geschlechter jenseits biologischer Determination behaupten, und soziobiologische Ansätze auf der anderen Seite (z.B. Wilson, 1978), die in evolutionstheoretischen und endokrinologischen Studien eine ausschließlich biologische Begründung für Geschlechterdifferenzen konstruieren (Dietzen, 1993: 22).

Jenseits dieser problematischen Extreme eines biologischen bzw. kulturellen Determinismus[8] bietet die Soziologie in ihrer traditionellen, akademischen Ausrichtung einen struktur-funktionalistischen Ansatz, der

> „die Geschlechterdifferenzen als Ergebnis eines Determinierungs- und Differenzierungsprozesses aufgrund eines fixierten Systems geschlechtsspezifischer Arbeitsteilung (ansieht)." (Dietzen, 1993:23)

Dieser Ansatz, der v.a. auf die Arbeiten von Parsons und Bales (1955) zurückgeht und in der Familiensoziologie großen Einfluß hatte, unterstellt, daß die geschlechtliche Arbeitsteilung in der Familie eine funktionale Notwendigkeit zur Versorgung und Erziehung der Kinder ist. Frauen wird demnach die emotional-expressive Funktion zugewiesen, während Männer für rational-instrumentelle Funktionen im Familiensystem zuständig sein sollen (Nunner-Winkler, 1994). Soziale Rollen und geschlechtstypisches Verhalten innerhalb und außerhalb der Familie wären demnach aus der innerfamiliären Aufgabenteilung abgeleitet, die wiederum auf biologische Voraussetzungen gegründet ist (v.a. Schwangerschaft und Stillen werden angeführt) (Dietzen, 1993: 24). Frauen und Männer müssen nach diesem Verständnis die tradierte familiäre Rollenstruktur und die damit verbundenen Verhaltenszuschreibungen an die Geschlechter im Laufe ihrer Sozialisation erwerben und reproduzieren, um letztlich die Stabilität des gesamtgesellschaftlichen Systems zu sichern. Die Geschlechtsrollendifferenz gilt hier v.a. als Garant für die Stabilisierung der Erwachsenenpersönlichkeit und als

---

[7] Einen guten Überblick über die verschiedenen Zugänge dieser Erklärungsansätze geben z.B. Nunner-Winkler (1994), Tillmann (1989) oder Bilden (1991).

[8] Ausführliche Erläuterungen zu diesen Ansätzen und ihrer Problematik z.B. bei Dietzen (1993: 22 f.). Sowohl der biologische als auch der kulturelle Determinismus in diesen zwei Denktraditionen basiert auf Kausalerklärungen, die menschliche Verhaltensweisen ausschließlich auf anthropologische bzw. genetische oder hormonelle Ursachen zurückführt. Der biologische und soziale Kontext von Geschlecht und Geschlechterverhältnis wird in problematischer Weise durch die Annahme historisch konstanter, transkultureller Zusammenhänge aufgelöst.

Voraussetzung für die gelingende Sozialisation der nachwachsenden Generation.

Das Modell von Parsons und Bales ist aus verschiedenen Gründen kritisiert worden (vgl. z.B. Dietzen, 1993; Brück et al., 1992; Bublitz, 1993; Connell, 1986, 1987 und 1995a, 1995b, Pleck, 1978). Zunächst ist problematisch, daß die Kategorie Geschlecht in diesem Ansatz nur für das sog. Persönlichkeitssystem relevant scheint und deshalb nicht beachtet wird, daß die herrschenden hierarchischen Dualismen (vgl. 2.1) und die damit verbundene geschlechtliche Arbeitsteilung in **allen** gesellschaftlichen Bereichen eine strukturell bedingte Status- und Machtungleichheit der Geschlechter produzieren. Die Familie mit der behaupteten harmonisch-komplementären Rollenverteilung der Geschlechter wird dabei als unhistorisches, universelles Phänomen betrachtet, ohne die historisch gewachsenen Dominanz- und Abhängigkeitsaspekte der Geschlechterbeziehungen in der Familie (und anderswo) und die geleistete Arbeit in Haushalt und Familie (i.d.R. Arbeit von Frauen) zu berücksichtigen. Das Rollenkonzept legt nahe, daß Frauen und Männer zwar anders seien, aber dennoch gleichberechtigt. Eine Annahme, die tatsächliche Machtaspekte zwischen den Geschlechtern verschleiert (Schäfers, 1992: 109).

Hinzu kommt, daß Geschlechtsrollen als statische Konstrukte gedacht werden, deren rigide funktionale Festlegung immer dann zum tragen kommt bzw. kommen soll, wenn die sozialen Realitäten in Widerspruch zu diesen Rollenzuschreibungen geraten. Hier zeigt sich der in gesellschaftspolitischer Hinsicht konservative Kern des struktur-funktionalistischen Erklärungsansatzes zur Analyse der Geschlechterbeziehungen. Sozialer Wandel im Geschlechterverhältnis aufgrund des Zusammenspiels zwischen wandlungsfähigen sozialen Lebenslagen der Geschlechter und strukturellen Zwängen kann in seiner dialektischen Verschränkung durch eine struktur-funktionalistische Theorie der Geschlechterrollen nicht erklärt werden. Außerdem hebt...

> „die Forschung über Geschlechterrollen (...) die Einstellungen hervor, die künstliche, rigide Unterscheidungen zwischen Männern und Frauen erzeugen, und sie spielt die Umstände herunter, auf die sich solche Einstellungen beziehen. Besonders spielt sie die wirtschaftliche, häusliche und politische Macht herunter, die Männer über Frauen ausüben." (Connell, 1986: 335)

Die von Parsons und anderen theoretisch festgeschriebene und unausgesprochen legitimierte Geschlechterhierarchie könnte möglicherweise für eine kleine (weiße) Mittelstandsschicht in den fünfziger und sechziger Jahren eine akzeptable und unproblematische Rollenverteilung der Geschlechter gewesen sein. Die gegenwärtigen dynamischen Veränderungsprozesse im Geschlechterverhältnis (vgl. 2.6) und die Pluralisierung der Geschlechter in Geschlechterverhältnissen (vgl. 2.5) können allerdings mit Hilfe eines solchen struktur-funktionalistischen Erklärungsansatzes weder angemessen beschrieben noch erklärt werden. Die tradierten Vorschriften und Erwartungen an die weibliche und männliche Geschlechtsrolle entsprechen heute immer weniger der widersprüchlichen Komplexität weiblicher und männlicher Lebenszusammenhänge. Eine zeitgemäßere Theorie müßte in der Lage sein, diese Komplexität, Widersprüchlichkeit und Vielfalt auf der einen Seite, und die Dominanz- und Abhängigkeitsaspekte im Geschlechterverhältnis auf der anderen Seite in wirklichkeitsnaher Weise abzubilden und im Rahmen einer Gesellschaftsanalyse erklärbar zu machen.

Mit den Analysen der jüngeren sozialwissenschaftlichen Frauen- und Geschlechterforschung seit Beginn der 70er Jahre entwickelten sich in Abgrenzung zum obigen struktur-funktionalistischen Ansatz vielfältige und häufig kontrovers diskutierte Theorien zum Verhältnis der Geschlechter. Einen gemeinsamen Bezugspunkt haben diese Theorien durch die herausragende Bedeutung der Kategorie Geschlecht für eine Gesellschaftsanalyse. Im Mittelpunkt steht die Analyse der historischen und gesellschaftlichen Organisation von Geschlechterverhältnissen.[9]

> „Geschlecht erscheint hier als Bezugspunkt für die Zuweisung von sozialem Status und gesellschaftlich vermittelten Lebenschancen und -perspektiven (Ostner, 1992: 108). Es erklärt als soziale Strukturkategorie Machtstrukturen auf der Ebene von Geschlechterbeziehungen und ihnen innewohnende Kräfteverhältnisse, die Unterdrückungs- und Ausgrenzungsphänomene sowie Benachteiligungen von Frauen beinhalten. Geschlecht wird in diesem Zusammenhang immer als historische und soziale Kategorie verstanden. Natürliche Geschlechterdifferenzen werden demnach, soweit sie überhaupt in einem ursächlichen Zusammenhang mit gesellschaftlicher, geschlechtsspezifischer Arbeitsteilung und geschlechtsspezifischen Rollen(vorbildern) stehen, als überwiegend sozial ge- und überformte und interpretierte verstanden, die jeweils in gesellschaftliche Herrschafts- und Machtstrukturen eingebunden, bestimmte gesellschaftliche Funktionen übernehmen." (Bublitz, 1993: 67 f.)

Angestrebt wird ein umfassendes Verständnis der Geschlechterdifferenz, des Systems der geschlechtlichen Arbeitsteilung als Strukturelement von Gesellschaft und der damit einhergehenden männlichen Hegemonie (vgl. 2.5) aufgrund ungleich verteilter Machtpotentiale zwischen den Geschlechtern. Der weit verbreitete biologische Determinismus im Alltagsverständnis vieler Menschen moderner Gesellschaften und in den Sozialwissenschaften („Anatomie als Schicksal", die geschlechtliche Arbeitsteilung als „natürliche" Bestimmung von Frau und Mann; vgl. 2.1) und die sich darauf beziehenden Mythen und Legenden vom „richtigen Mann" bzw. der „richtigen Frau" werden als Legitimationsstrategien zur Aufrechterhaltung der herrschenden Geschlechterhierarchie entlarvt und kritisiert.

---

[9]Der Plural ist in diesem Zusammenhang mit Absicht genutzt worden, weil der Fokus in der aktuellen Forschung in besonderem Maße auf Differenzaspekte jenseits der Polarität Mann-Frau gerichtet wird (vgl. 2.5 und 2.6).

Analytisch ist dabei die Trennung des Begriffs Geschlecht in „biologisches Geschlecht" (engl.: „sex") und „kulturell-soziales Geschlecht" (engl.: „gender") bedeutsam. Diese Unterscheidung geht auf Stoller (1968) zurück, der damit begrifflich deutlich machen wollte, daß die soziale Geschlechtsidentität (gender) nicht unbedingt mit der biologischen (sex) übereinstimmen muß (Klein, 1994: 213).[10] Die gesellschaftlichen Zuschreibungen und Erwartungen und die alltäglichen Erfahrungen, die mit dem jeweiligen Geschlecht verbunden sind, werden als „soziales Geschlecht" oder auch „Geschlechtsidentität" bezeichnet[11]. Wenn im folgenden Text von Geschlecht gesprochen wird, ist dies im Sinne von „gender" gemeint, d.h. im Vordergrund steht die Bedeutung von Geschlecht als sozialer Strukturkategorie im gesellschaftlichen Kontext.

Die soziale Konstituierung des Geschlechterverhältnisses kann mit Hilfe verschiedener soziologischer Denkansätze und -traditionen beschrieben und ergründet werden. Zu unterscheiden sind makrosoziologische Analysen zur geschichtlichen und ökonomischen Entwicklung des Zusammenspiels von Patriarchat und Kapitalismus in der Weltgesellschaft (vgl. z.B. Beer, 1987, 1990; Mies, 1988; Walby, 1990), mikrosoziologische Zugänge in der Tradition symbolisch-interaktionistischer und ethnomethodologischer Argumentationen (vgl. z.B. Goffman, 1994; Hagemann-White, 1984, 1988; Kessler/McKenna, 1978; Hirschauer, 1993; Gildemeister, 1992) und Ansätze, die den Mikro- Makro-Dualismus zu überwinden suchen (vgl. z.B. Bilden, 1991; Knapp 1987, 1988; Knapp/Wetterer, 1992; Thürmer-Rohr 1987; Hochschild 1989). Dabei ist für die umfassende Analyse des Geschlechterverhältnisses

> „die notwendige Verbindung von Mikro- und Makroperspektiven besonders dringlich, da es (das Geschlechterverhältnis, R.L.) nicht nur durch historisch fundierte und sozialstrukturell fixierte Ungleichheiten, sondern auch durch kulturell und biographisch wandelbare Emotionen, Erwartungen, Stereotype gekennzeichnet ist." (Treibel, 1993: 255)

Besonderes Interesse richtete sich dabei seit Beginn der Frauen- und Geschlechterforschung auf die Frage, wie Menschen als geschlechtliche soziale Wesen in ihre Gesellschaft und Kultur hineinwachsen und ihre Handlungsfähigkeit erwerben. Da es zu Beginn der Frauen- und Geschlechterforschung keine ausgearbeitete Theorie zur geschlechtsspezifischen Sozialisation gab, war und ist es ein zentrales Anliegen, neue Erklärungsansätze zur Sozialisation von Mädchen und Jungen bzw. Frauen und Männern zu entwickeln. Die folgenden Ausführungen zur Sozialisation und Identitätsbildung der Geschlechter sollen

---

[10]Die Sex-gender-Unterscheidung wird inzwischen kontrovers diskutiert (vgl. 2.4).

[11]Der Begriff der „Geschlechtsidentität" ist gleichwohl stärker als „soziales Geschlecht" auf individuelles Erleben ausgerichtet. Es geht dabei eher um die überdauernde Erfahrung der eigenen Individualität, des eigenen Verhaltens und der eigenen Erlebnisweisen als eindeutig und uneingeschränkt männlich bzw. weiblich (Gindorf, 1986: 160).

beispielhaft verdeutlichen, wie das von Treibel u.a. formulierte Ziel einer doppelten bzw. integrierten Sicht sowohl auf Makro- als auch auf Mikrophänomene im Geschlechterverhältnis ermöglicht werden kann.[12] Außerdem bilden die hier beschriebenen sozialisatorischen Zusammenhänge eine wichtige analytische Grundlage zur Erklärung von Handlungs-, Deutungs- und Interaktionsmustern der Geschlechter im Kontext von Organisationen und speziell im Management von Organisationen.

2.3 Geschlechtsspezifische Sozialisation und die Entwicklung von Geschlechtsidentität

Verschiedene empirische Untersuchungen zur geschlechtsspezifischen Sozialisation zeigen, wie unterschiedlich das elterliche Erziehungsverhalten vom Zeitpunkt der Geburt an ist und welch große Bedeutung die Tatsache hat, daß ein Kind von Geburt an (z.T. auch bereits vor der Geburt) **nicht** als geschlechtsneutrales Wesen begriffen wird, sondern als Mädchen bzw. Junge erkannt und beachtet wird (Hagemann-White, 1984; Bilden, 1991). Gleichzeitig betont Hagemann-White (1988:50), daß

> „beim gegenwärtigen Stand der Forschung (...) weder die Existenz faktisch relevanter Geschlechtsunterschiede in der Kognition oder im Sozialverhalten belegt (sind), noch sind mehr als spärliche Belege für unterschiedliche Erziehungspraktiken je nach Geschlecht des Kindes in der Familie vorhanden."[13]

Die Ergebnisse zu angeblichen Geschlechtsunterschieden aufgrund geschlechtsspezifischer Sozialisationserfahrungen sind insgesamt widersprüchlich und eher

---

[12]Die erwähnten makrosoziologischen Analysen können im Rahmen dieser Arbeit nicht weiter verfolgt werden. Eine Ausnahme stellen Connells (1987, 1995) Arbeiten dar, deren mikro- und makrosoziologische Aspekte in ihrer dialektischen Verschränkung im Abschnitt 2.5 erläutert werden. Die theoretischen Grundlagen dieser Arbeit bilden Connells Ansatz in Verbindung mit sozialkonstruktivistischen Sichtweisen und symbolisch-interaktionistischen Zugängen zum Untersuchungsgegenstand, wie sie auf den folgenden Seiten beschrieben werden.

[13]Bei diesen Untersuchungen geht es z.B. um die Mutter-Kind- bzw. Vater-Kind-Interaktion, das Stillverhalten, die Reinlichkeitserziehung, das Spielverhalten und die Bedeutung von Rollen-, Bewegungs- und Sportspielen in der Familie und im weiteren Umfeld. Hagemann-White (1988) knüpft dabei an Arbeiten von Chodorow (1985), Dinnerstein (1979) und Gilligan (1988) an, die mit Hilfe psychoanalytischer Kategorien die geschlechtsspezifisch unterschiedliche Formen der Ich-Entwicklung in einem sozialen Kontext erklären, der in erster Linie den Frauen die Erziehung der Kinder zuweist. Für die männliche Entwicklung ist demnach die Ich-Entwicklung mit einer Kultur der Geringschätzung und des Hasses gegen Frauen verbunden, die gleichzeitig mit einer Angst vor ihrer heimlichen Macht einhergeht (Chodorow, 1985; vgl. auch 2.5)

unzuverlässig.[14] Außerdem scheint die Bandbreite an Unterschieden innerhalb eines Geschlechts und die Vielzahl von Ähnlichkeiten zwischen den Geschlechtern aus dem Blick geraten zu sein. Es zeigt sich,

> „daß die Varianz innerhalb jedes der Geschlechter um ein Vielfaches größer ist als der Unterschied zwischen ihren Durchschnittswerten. Ebenso übersteigen die Differenzen zwischen den Durchschnittswerten von Angehörigen verschiedener Völker oder Kulturen bei weitem die in modernen westlichen Industriegesellschaften gefundenen geschlechtskorrelierten Unterschiede." (Nunner-Winkler, 1994: 65)[15]

Jenseits der problematischen Konstruktion eines solchen Geschlechterdualismus (vgl. 2.1) setzt sich in der Geschlechterforschung zunehmend die Sichtweise durch, daß Geschlechterverhältnisse vor dem Hintergrund historischer, materieller und kultureller Bedingungen in sozialen Praktiken ständig neu produziert werden. Sozialisation bezeichnet mit Blick auf das Individuum die Selbst-

---

[14]Trotz dieser Widersprüchlichkeit sollen hier an Anlehnung an Nunner-Winkler (1994: 62-64) einige (umstrittene) Beispiele zu physischen, psychischen und sozialen Geschlechtsunterschieden kurz aufgeführt werden: Zu den physischen Unterschieden rechnet sie z.B. die Körpergröße, den Zeitpunkt der Pubertät und das Ende der Wachstumsphase. Psychosoziale Unterschiede konnten z.B. hinsichtlich des Interesses an Sozialkontakten v.a. mit Kindern und hinsichtlich des Einfühlungsvermögens ermittelt werden (Rossi, 1984) (Frauen haben generell ein ausgeprägteres Interesse an und mehr Geschick als Männer in der sog. „Beziehungsarbeit"). Auch bezüglich der kognitiven Fähigkeiten und des kognitiven Stils sind Geschlechtsunterschiede dokumentiert (Frauen sind Männern in sprachlichen Subtests über-, in räumlich-visuellen Subtests unterlegen (Maccoby und Jacklin, 1974). Frauen urteilen eher kontextbezogen und emotional, während Männer eher analytisch differenziert, emotionsfrei und um Objektivität bemüht urteilen). Entsprechend wird unterstellt, daß Männer in ihrem moralischen Urteil eher abstrakten Gerechtigkeitsprinzipien folgen, während Frauen eher kontextsensititv und fürsorglichkeitsorientiert handeln (Gilligan, 1991). Es konnte ein geschlechtsspezifischer Umgang mit Frustrationen und ein daraus resultierender unterschiedlicher Abwehrstil nachgewiesen werden (Ihilevich und Gleser, 1991) (Frauen: nach innen gerichtete; Männer: nach außen gerichtete Abwehr). Männer präferieren einen eher selbstwertförderlichen Attributionsstil, während Frauen eher zu einem selbstwertabträglichen Attributionsstil neigen (Heckhausen, 1980). Geschlechtsspezifische Unterschiede im Diskussionsverhalten in gemischtgeschlechtlichen Gruppen sind ausführlich beschrieben worden (Tannen, 1990, 1995; Trömel-Plötz, 1984) (z.B. Gesten, Mimik, Körperhaltung, Blickkontakt, Bezüge zu vorhergehenden Wortbeiträgen, Dauer eines Diskussionsbeitrags).

[15]Auch Bilden (1991) schätzt die bisherigen Ergebnisse der geschlechtsbezogenen Sozialisationsforschung kritisch ein, denn „die Frage nach geschlechtsspezifischer Sozialisation bedeutet, nach geschlechtdifferenzierenden „typischen" Sozialisationsbedingungen und nach Geschlechtsunterschieden im Verhalten, Denken, Fühlen zu fragen. Solche Fragen laufen fast zwangsläufig auf die Konstruktion eines männlichen und eines weiblichen Sozialcharakters hinaus. Damit aber vollziehen wir die polarisierende gesellschaftliche Konstruktion der zwei Geschlechter einfach nach und *reproduzieren den schematisierenden Dualismus von männlich-weiblich.*" (Bilden, 1991: 279)

Bildung in diesen sozialen Praktiken (Bilden, 1991: 280).[16] Individuation und Vergesellschaftung bilden in diesem Verständnis einen gleichzeitigen Prozeß zur Entwicklung persönlichkeitsspezifischer Eigenschaften und Haltungen, die sowohl den traditionellen gesellschaftlichen Zuschreibungen an Frauen und Männer entsprechen können, als auch in Widerspruch und Kritik zu diesen rigiden Verhaltenserwartungen an die Geschlechter stehen können. Für eine subjekt- und kontextorientierte Sozialisationsforschung, die nicht macht- und strukturblind sein will, sind daher neben den Aneignungs- und Anpassungsaspekten die Nichtübereinstimmung, das Nicht-identische und das Widerständige im Sozialisationsprozeß zur Erklärung geschlechtlicher Identität von besonderem Interesse (Knapp, 1987: 236 - 273; Brück et al., 1992: 68 f.). Ein Aspekt, der später bei der Analyse von Geschlechterverhältnissen im Management von Organisationen eine wichtige Rolle spielen wird.

Die Kategorien „Mann" und „Frau" wirken im Prozeß der Sozialisation als kulturelles und soziales Sinnsystem, welches vor dem Hintergrund eines hierarchischen Systems der Zweigeschlechtlichkeit auf unterschiedlichste Weise von den Geschlechtern erlebt wird (Hagemann-White, 1984: 91). Die soziale Wirklichkeit der Geschlechter wird im Prozeß der Sozialisation in sozialen Praktiken produziert und ist sowohl materiell als auch kulturell-symbolisch fundiert. D.h., Geschlechtsidentität entwickelt sich in langfristigen sozialen Interaktionsprozessen, die stets in einem gesellschaftlichen Kontext eingebettet sind, der den Individuen Möglichkeiten zur Selbstdarstellung in Einklang bzw. Widerspruch zu sozialen und situativen Verhaltenserwartungen eröffnet. Dabei wirkt das Geschlecht als eine der wichtigsten Quellen der Selbst-Konstruktion des Kindes und des erwachsenen Menschen zur Orientierung in der sozialen Welt (Bilden, 1991: 280 ff.). Kotthoff (1994: 166 ff.) weist darauf hin, daß parallele Anordnungen (Mädchen- und Jungentoiletten, Damen- und Herrenbekleidung, Mädchen- und Jungenbücher, Mädchen- und Jungenspiele, Damen- und Herrensportarten usw.) im Prozeß der Sozialisation die durchgängige und ideologisierte Relevanz von Geschlecht zur Selbstdeutung wirksam werden lassen. Die Vorbereitung auf die gesellschaftlich geforderte geschlechtliche Arbeitsteilung (z.B. im Management von Organisationen) beginnt bereits in frühester Kindheit.

„Die spielerische Einübung in und Vorwegnahme der Arbeitsteilung nach Geschlecht scheint eindeutig. Hier eignen sich die Kinder spielend - so wie später lernend und ar-

---

[16]Neben dieser sozialkonstruktivistischen Sichtweise, die für diese Arbeit grundlegende Bedeutung hat, sind insbesondere marxistisch orientierte Analysen zum Zusammenhang von „Klasse" und „Geschlecht" in patriarchalen Gesellschaften und Arbeiten zur These der „doppelten Vergesellschaftung" von Frauen (Becker-Schmidt, 1987) von großer Bedeutung für die sozialwissenschaftliche Analyse des Geschlechterverhältnisses. Da ich diese Ansätze hier nicht umfassend würdigen kann verweise ich auf die Arbeiten von Beer (1987, 1990), Haug/Hauser (1992) und Walby (1990), die eine systematische Auseinandersetzung mit marxistischer Theorie aus feministischer Sicht dokumentieren.

beitend - ein wesentliches Strukturmoment des Geschlechterverhältnisses an." (Bilden, 1991: 283)[17]

Eine Entsprechung läßt sich auch auf der Ebene der Verkörperung von Männlichkeit und Weiblichkeit beschreiben. In sozialen Körperpraktiken werden die vorherrschenden Geschlechtsstereotype in Verbindung mit geschlechtlicher Arbeitsteilung, männlicher Dominanz und dem heterosexuellem Arrangement hervorgebracht.[18] Auch der Umgang mit Gefühlen und Emotionen wird im Prozeß der Sozialisation geschlechtsspezifisch erfahren und gedeutet, wobei den Jungen bzw. Männern ein eingeschränkt-instrumenteller Umgang mit Emotionen zugeschrieben wird, während Mädchen bzw. Frauen ein differenzierteres Gefühlsrepertoire vermittelt wird.

> „Männlichkeits/Weiblichkeits-Konstrukte gehen auch in die Überzeugungen von Eltern, LehrerInnen und Kindern schon im Vorschulalter ein und leiten deren Gefühlszuschreibungen an Jungen und Mädchen, Männer und Frauen. Über die Erwartungen der Interaktionspartnerinnen werden sie als „Gefühlsregeln" (Hochschild, 1989) an Kinder, Jugendliche, Erwachsene herangetragen." (Bilden, 1991: 285)

Im Geschlechterverhältnis und bei der Entwicklung eines Selbstkonzepts im Prozeß der Sozialisation spielen Emotionen eine zentrale Rolle, denn sie beeinflussen nicht nur das Selbstverständnis der Individuen sonderen regulieren auch zwischenmenschliche Beziehungen. Jedes Kind erlebt Bezugspersonen wie Mutter, Vater, Geschwister, SpielgefährtInnen, LehrerInnen usw. in sozialen Interaktionen als geschlechtliche Individuen, die mehr oder weniger stark von den kulturellen Geschlechterkonstruktionen und ihren emotionalen Symbolisierungen beeinflußt sind. Der gesellschaftlich und situativ regulierte Ausdruck von Emotionen[19], der Kindern und Jugendlichen im Laufe ihrer Entwicklung

---

[17]Bilden nennt hier beispielsweise geschlechtstypisches Spielzeug und Spiele sowie unterschiedliches Interaktionsverhalten der Kinder in Kindergarten, Schule usw.

[18]Bilden (1991:284) führt dazu aus: „In der elterlichen Wahrnehmung und Interaktion mit dem Säugling (stark, munter, aktiv - schwach, zart, feingliedrig), in der elterlichen Ermutigung und Peer-Unterstützung für Grenzüberschreitungen bei explorativen und raumgreifenden Aktivitäten von Jungen, in geschlechtstypischen Spielen, in der geschlechtstypischen Gestaltung des Sportunterrichts und der Wahl von Sportarten: Der männliche Körper wird grobmotorisch und bewegungsintensiv sozialisiert, in material- und raumexplorierenden Aktivitäten, leistungs- und funktionsbezogen; der weibliche Körper eher feinmotorisch und ästhetisch-attraktivitätsfördernd, durch Einwirkung von „Sozialisationsagenten" und in Selbstbearbeitung."

[19]Gefühlsausdruck und das Empfinden innerer Gefühlszustände müssen nicht übereinstimmen. Gleichwohl weist Hochschild (1989) darauf hin, daß die soziale Regulierung des Gefühlsausdrucks z.B. aufgrund des beruflich-situativen Kontextes die eigenen Gefühlszustände so nachhaltig beeinflussen kann, daß die Differenz zwischen „gespielten" und tatsächlich empfundenen Gefühlen tendenziell verloren geht. Die in modernen Dienstleistungsberufen immer wichtiger werdende „Gefühlsarbeit" wäre sogesehen ein weiterer Schritt zur Selbst-Entfremdung des Menschen.

vermittelt wird, trägt wesentlich dazu bei, daß die Geschlechterhierarchie erhalten bleibt und reproduziert wird:

> „Emotionale Expressivität und Sensibilität von Frauen für die Gefühle anderer entsprechen ihren gesellschaftlichen Funktionen als Mütter und „BeziehungsarbeiterInnen" und sind lebenswichtige Fähigkeiten für Untergeordnete. Ängstlichkeit und Hilflosigkeit folgen aus der Dominanz, Macht bis hin zur Gewalt gegen Frauen - und helfen diese aufrechtzuerhalten. Ein gewisser Mangel an emotionaler Sensibilität und ein Plus an Aggressivität erleichtern Männern berufliche Konkurrenz wie auch die Ausbeutung von Frauen." (Bilden, 1991: 286)

Starke Auswirkungen auf die Entwicklung von Geschlechtsidentität und die Reproduktion der Geschlechterhierarchie werden dem Einfluß von Gleichaltrigengruppen, den sogenannten „peers", und den Medien[20] zugeschrieben. Kinder sozialisieren sich untereinander rigoros im Sinne geschlechtstypischen Verhaltens, wobei sich Jungengruppen v.a. durch hierarchische Strukturen, Status- und Dominanzkämpfe, raumgreifende wettbewerbs- und körperorientierte Spiele (vgl. z.B. Klein, 1990; Messner, 1990), eher oberflächliche Beziehungen und Raufereien auszeichnen, während Mädchengruppen eher durch Gleichheitsorientierung, kooperative Spiele, Gespräche und enge Beziehungen charakterisiert werden können (Bilden, 1991: 287). Für Jungen ist die „peer-group" eine wesentliche Quelle zur inhaltlichen Bestimmung und Ausgestaltung von Männlichkeit, denn über diesen Weg können sie sich schon frühzeitig dem Einfluß der Mutter (als Modell für „Weiblichkeit") entziehen, eine andere Form von Unterstützung erfahren und einen Schritt in Richtung (männlicher) Autonomie gehen (Hagemann-White, 1984:92). Ein ähnliches Abgrenzungsbedürfnis zeigt sich bei den Jungen im Umgang mit gleichaltrigen Mädchen, die z.B. von exklusiv „männlichen" Spielen und Aktivitäten ausgegrenzt werden. Männliche „peer-groups" zeichnen sich darüber hinaus durch rigide Verhaltenserwartungen an Jungen aus, die alles „Abweichende" wie Homosexualität, Weiblichkeit,

---

[20]Da ich auf den Einfluß der Medien für die Entwicklung von Geschlechtsidentität in dieser Arbeit nicht detailliert eingehen kann, verweise ich auf den grundlegenden Text von Bilden (1991: 288-290), der wesentliche Erkenntnisse zu dieser Frage wiedergibt. Die Wirkung der medial vermittelten Frauen- und Männerbilder, die häufig den tradierten Stereotypen entsprechen, darf nach ihrer Überzeugung nicht unterschätzt werden. Allerdings fügt sie einschränkend hinzu, daß die mediale Vielfalt nur „als Teilmomente des umfassenden Prozesses der symbolischen und materiellen Produktion der hierarchischen Geschlechterbeziehungen (wirksam sind). Bezogen auf Kinder heißt das zumindest, daß Medien in Wechselwirkung mit den sozialen Praktiken in Familie, Schule, unter peers Imaginationen von Männlichkeit und Weiblichkeit bis hin zu konkreten Berufswünschen hervorrufen - abhängig auch von den Bedürfnissen, den Konzepten, mit denen die Kinder an die Decodierung der Symbolisierungen herangehen." (Bilden, 1991: 289). Belegt ist ein Zusammenhang zwischen kindlichem Konsum von Gewalt in den Medien und aggressivem Verhalten bei Kindern. Auch der Konsum von aggressiver Pornographie verstärkt bei Männern Aggressionen gegen Frauen bzw. verringert die Sensibilität für verschiedene Formen von Gewalt gegen Frauen.

körperliche Schwäche, andere Hautfarbe usw. als Anlaß nehmen, Außenseiter zu konstruieren und durch Stigmatisierung auszugrenzen (Carrigan, Connell & Lee, 1985). Dabei wird häufig ein tendenziell gewaltförmiger Kontakt (Necken, Verspotten, Prügeln, Hose runterziehen usw.) zu Mädchen gesucht, der mit zunehmendem Alter durch erotisch-sexuelle Motive ergänzt aber nicht ersetzt wird. Trotz einer großen Variationsbreite von männlichen Gruppenkulturen zeigen die Untersuchungen, daß

> „in allen (...) die Jungen ihre Männlichkeit mehr oder weniger gegenüber den Mädchen als negativer Bezugsgruppe auf(bauen)." (Bilden, 1991: 288)

Das dominierende Bedürfnis, sich von allem, was Jungen in dieser „Schule der Männlichkeit" als „anders", „fremd" und insbesondere „weiblich" erleben, abzugrenzen, ist, wie sich später zeigen wird, für die Reproduktion geschlechtshierarchischer Strukturen und Prozesse im Management von Organisationen von herausragender Bedeutung (vgl. 3.2, 3.3, 3.4 und 4).

Zusammenfassend läßt sich sagen: Vor dem Hintergrund kultureller Setzungen und den damit verbundenen Zuschreibungen und Vorurteilen gegenüber Frauen und Männern

> „erzwingt unsere Kultur eine Selbstzuordnung als Mädchen oder Junge im Unterschied zum jeweils anderen Geschlecht als Bedingung der Möglichkeit von Identität." (Hagemann-White, 1988. 234).

Abweichungen sind generell mit dem Risiko gesellschaftlicher Ausgrenzung und konkreter Benachteiligung verbunden, so daß sich viele Mädchen und Jungen bzw. Frauen und Männer in das für sie vorgesehene und scheinbar so vertraute Stereotyp 'retten'. Gleichzeitig unterliegen diese Bilder, Ideale und Stereotype von Weiblichkeit und Männlichkeit einem permanentem gesellschaftlichen Bedeutungswandel, was eine eindeutige Zuordnung und Identifizierung zunehmend erschwert (vgl. auch 2.6). Geschlechtsidentitäten und Geschlechterverhältnisse entsprechen sozialen, historischen und kulturellen Konstruktionen, die sich insbesondere durch soziale Wandlungsfähigkeit, Widersprüchlichkeit und Vielgestaltigkeit auszeichnen. Was dies im einzelnen für das Verständnis und die Analyse von Geschlechterverhältnissen bedeutet, wird im folgenden Abschnitt beleuchtet.

2.4 Die soziale Konstruktion der Geschlechter in Geschlechterverhältnissen

Im Rahmen einer sozialkonstruktivistischen Sichtweise, die hier zur theoretischen Fundierung des Themas herangezogen werden soll, sind Geschlechterverhältnisse bzw. Männlichkeit und Weiblichkeit Ergebnisse permanenter sozialer Konstruktionsprozesse, die Wirklichkeit durch soziales Handeln im Rahmen des symbolischen Systems der Zweigeschlechtlichkeit erst herstellen. D.h.

Wirklichkeit ist bei dieser Sichtweise nicht voraussetzungslos und immer schon vorhanden, sondern entsteht in sozialen Interaktionsprozessen, deren Voraussetzungen, Wirkungsmechanismen und Folgen wissenschaftlich entschlüsselt werden können (vgl. Berger/Luckmann, 1990; Hagemann-White, 1984 und 1988; Gildemeister/Wetterer, 1992; Bilden, 1991). Hagemann-White, die entscheidenden Anteil an der Einführung dieser Perspektive in die deutsche Frauen- und Geschlechterforschung hatte, geht davon aus, daß es keine naturhaft vorgeschriebene Zweigeschlechtlichkeit gibt, sondern nur verschiedene kulturelle Konstruktionen des Geschlechtlichen. Alltagstheorie und soziale Praxis sind nach dieser Überzeugung in der Regel nicht deckungsgleich (Hagemann-White, 1988: 228).

Geschlecht wird also im Rahmen eines dichotomen Symbolsystems hervorgebracht und die Zugehörigkeit wird in sozialen Praktiken produziert (Carrigan, Connell & Lee, 1985). Dabei ist nicht nur die Interaktion mit den primären Bezugspersonen, also Mutter, Vater, Geschwister usw., von Bedeutung, sondern der gesamte Kontext der Zweigeschlechtlichkeit ist in all seinen Facetten und dem zentralen Moment der Höherbewertung des Männlichen für den lebenslangen Prozeß der Sozialisation entscheidend (Hagemann-White, 1988: 234 ff.). Diese Sichtweise, die v.a. durch Studien über Transsexualität im Rahmen anthropologischer und ethnomethodologischer Arbeiten begründet wurde (vgl. z.B. Garfinkel, 1967, Kessler/Mc Kenna 1978, Hirschauer, 1993), ermöglicht es, sowohl makro- als auch mikrosoziale Prozesse zu fokussieren, denn die im Alltagsverständnis und im wissenschaftlichen Diskurs weit verbreitete (künstliche) Trennung von Gesellschaft und Individuum wird vermieden. Geschlechtszugehörigkeit als andauernder Prozeß des „doing gender"[21] beinhaltet in diesem Verständnis eine Wahrnehmungs- und eine Darstellungsaktivität, die in sozialen Interaktionen konstruiert wird (Hirschauer, 1993).

> „Statt quasi-statischer Strukturen, Normen, Rollen usw. sehen wir den andauernden Prozeß des sozialen Lebens, in dem sich durch unsere alltägliche Lebens-Tätigkeit Gesellschaft, Männlichkeit/Weiblichkeit und auch wir selbst als Individuen relativ stabil reproduzieren oder rasch verändern." (Bilden, 1991: 291)

Dieses Verständnis ermöglicht eine relationale und reflexive Analyse der Selbst-Entwicklung entlang biographischer Erfahrungen, welche in sozialen Praktiken eingelassen sind und wissenschaftlich de-konstruiert werden können. Irritierend an diesem Diskurs ist die Konsequenz, daß die Vorstellung eines

---

[21]Damit ist der Erwerb der Geschlechtsidentität als aktiver, lebenslanger Prozeß der Selbstkategorisierung und -thematisierung im System der Zweigeschlechtlichkeit als lebenswichtige Anpassungs- und Ausgestaltungsleistung zur notwendigen Aneignung gesellschaftlicher Realität gemeint, ohne die Menschen in einer nach Geschlecht polarisierten Gesellschaft nicht existieren können (West/Zimmermann, 1987; Bilden, 1991; Hagemann-White, 1988; Brück et al., 1992).

weiblichen bzw. männlichen Subjekts als kontinuierliche Einheit und autonomes Individuum tendenziell aufgelöst ist, denn prinzipiell werden alle symbolischen Bedeutungen, die Dinge, Handlungen und Darstellungen im Geschlechterverhältnis haben, variabel, d.h. zum Gegenstand von Aushandlungs- und Veränderungsprozessen, die allerdings stets vor dem Hintergrund von gesellschaftlich bedingten Machtdifferenzen und ungleich verteilten materiellen Ressourcen zwischen den Geschlechtern analysiert werden müssen.

An dieser Stelle setzt auch die Kritik an der sex-gender Unterscheidung an, denn diese Unterscheidung bleibt im Kern biologistisch, da sie

> „...einen (...) Teil der kulturellen Vorstellungen über maßgebliche Merkmale der Geschlechtszuordnung als „Natur" festschreiben (mußte), um davon die bloß anerzogenen Eigenschaften und Erwartungen trennen zu können." (Hagemann-White, 1988: 230)

Letztlich reproduziert die sex-gender Unterscheidung die binäre Konstruktion von Natur und Kultur mit Blick auf geschlechtliche Strukturierung und schreibt so Elemente der sozialen Konstruktion der Geschlechterdifferenz als Natur fest. Sogesehen führen die Untersuchungen, die zur Überwindung der traditionellen Polarität der Geschlechtscharaktere gedacht waren, zur nichtintendierten Bestätigung der immer schon behaupteten Polaritäten. Es ist für die Analyse von Geschlechterverhältnissen angemessener, nicht mehr wie bisher von einer biologisch vorgeschriebenen Zweigeschlechtlichkeit auszugehen, sondern stärker die komplexe und reflexive Beziehung zwischen biologischen und kulturellen Prozessen in den Mittelpunkt der Forschungsanstrengungen zu rücken, um die problematische Parallelisierung der sex/gender-Trennung zu vermeiden (Gildemeister/Wetterer, 1992: 211; Gildemeister 1992).

Die weitestgehende Position nimmt in diesem Zusammenhang Judith Butler (1991) ein, wenn sie behauptet, daß Geschlechter inklusive der körperlichen Konstitution jenseits biologisch-anatomischer Determinierung ausschließlich rhetorisch konstruiert und diskursiv in Szene gesetzt werden, was konsequent zu Ende gedacht bedeutet, daß Männlichkeit und Weiblichkeit völlig unabhängig von körperlich-sinnlichen Ausstattungen dargestellt, gelebt und empfunden werden können (vgl. auch Ferguson, 1993). Dabei scheint sie allerdings zu unterschlagen, daß körperliche Merkmale und Darstellungen einen hohen Symbolwert entsprechend dem biologischen Begründungsmuster für das bipolare System der Zweigeschlechtlichkeit haben (Bilden, 1991: 295). Der kompetente Umgang mit Symbolen von Männlichkeit und Weiblichkeit inklusive der sozialen Codierung des Körpers muß als lebenslanger Prozeß der Aneignung und Selbstdarstellung betrachtet werden (Hirschauer, 1989). Dies kann individuell auf unterschiedlichste Weise geschehen, bis hin zu Grenzüberschreitungen (z.B. gegengeschlechtliche oder androgyne Selbstdarstellungen). Es muß allerdings bezweifelt werden, ob der von Butler behauptete quasi spielerische Umgang mit

dem jederzeit möglichen Wechsel der Geschlechtsidentität zur politisch moti-
vierten Irritation der herrschenden Geschlechterordnung für die große Mehrheit
der Menschen in der modernen Gesellschaft, Männern wie Frauen, eine lebens-
nahe Alltagswirklichkeit darstellt.[22]

Im Unterschied zu Butler und anderen AutorInnen eines postmodern-
philosophischen bzw. post-strukturalistischen Ansatzes bleibt für Goffman
(1994) zentral, daß sinnlich-körperliche Naturphänomene (Körperbild und -
empfindung, Sexualität, Geburt, Tod usw.) in Geschlechtskonstruktionen eingehen und sich Menschen aufgrund der biologisch definierten Grenzlinie zwischen Weiblichkeit und Männlichkeit, die zur Fundierung patriarchalischer
Ordnungen ausgebeutet wird, eine Vorstellung von ihrem Geschlecht machen
(vgl. auch Connell, 1995b: 45-66). Außerdem geht Goffman davon aus, daß die
Analyse des „Arrangements der Geschlechter" auf konkrete institutionelle Bedingungen von sozialen Interaktionen bezogen bleiben sollte, weil sich in den
Institutionen der Sozialisation (z.B. Familie, Schule, Religion, Politik, Medien,
Arbeitsmarkt) die herrschende Ordnung der Geschlechter inklusive der körperlichen Aspekte reproduziert und modifiziert. Institutionalisierte geschlechtshierarchische Anordnungen z.B. in der Arbeitswelt (Arzt - Krankenschwester;
Chef - Sekretärin, Talkmaster - Assistentin usw.) lassen sich nicht einfach durch
Geschlechterparodien unterlaufen, wie Butler suggeriert. Gleich- oder höherge-
stellte Frauen im beruflichen Bereich können allerdings die gesamte Interakti-
onsordnung zwischen den Geschlechtern ins Wanken bringen, mit der irritie-
renden und verunsichernden Konsequenz, daß beide Geschlechter ihrer Rituale[23] zur Bestätigung von Geschlechtsidentität zumindest zum Teil beraubt werden (Kotthoff, 1994: 163 ff.). Dies eröffnet Chancen zur Veränderung der Inter-

---

[22]Gildemeister/Wetterer (1992: 208) weisen allerdings darauf hin, daß es andere Kulturen gegeben hat, die ein drittes Geschlecht kannten bzw. bestimmten Menschen zugestanden haben, ihr Geschlecht zu wechseln, ohne dies mit einem Irrtum bei der anfänglichen Zuordnung begründen zu müssen. Ein Phänomen, daß in modernen Gesellschaften nur noch in
Ausnahmesituationen wie z.B. Karneval oder Fasching geduldet wird. Weitere kritische
Anmerkungen zu Butlers Thesen, die hier nicht ausführlich dargestellt werden können, finden sich z.B. in den „Feministischen Studien", 11. Jg. Heft Nr. 2 vom Nov. 1993. Dort insbesondere die Texte von Lorey, Duden, Landweer, Lindemann, Hirschauer und Hagemann-
White.

[23]Rituale sind bei Goffman alle sozialen Zusammenkünfte, die den Einzelnen Gelegenheiten
eröffnen, Darstellungen seiner bzw. ihrer geschlechtliche Existenz zu geben, um die fundamentalen sozialen Verhältnisse zwischen den Geschlechtern zu bestätigen. Beispielhaft sei
hier eine Party genannt, wo durch Kleidung, Sprache, Körperhaltungen, gezeigte Stim-
mungslagen, Begrüßungs- und Verabschiedungsszenen und die Wahl der Gesprächsthemen
u.a. Geschlechtsidentitäten und Situationsdefinitionen produziert werden. Die Tatsache, daß
Frauen und Männer mit diesen Darstellungen und Definitionen auch spielen können (i.S.v.
Parodie und paradoxen Interventionen), bestätigt nur das bestehende, für alle erkennbare Arrangement der Geschlechter im symbolisch-hierarchischen System der Zweigeschlechtlichkeit (Kotthoff, 1994: 172 f.)

aktionsordnung jenseits ritualisierter Erwartungen an die Geschlechter durch Verhaltensweisen, die bewußt und gewollt von tradierten Interaktionsmustern zwischen den Geschlechtern abweichen. Ein Zusammenhang, der in dieser Arbeit besonderes Gewicht bekommen wird, wenn es darum geht, Bedingungen und Konsequenzen der „Männerdomäne Management" für Frauen im Management zu untersuchen (vgl. 4).

Das große Verdienst dieses Diskurses um die soziale Konstruktion der Geschlechter scheint mir darin zu liegen, daß mit der langen Tradition des Denkens in ausschließlich „natürlich" zweigeschlechtlich strukturierten Deutungsmustern mit der charakteristischen Dominanz biologisch-körperlicher Aspekte auch in der feministisch orientierten Sozialwissenschaft (v.a. in Deutschland) gebrochen wurde und genauere Untersuchungen zu den vielfältigen Differenzaspekten in Geschlechterverhältnissen angeregt wurden. Eine Folge dieser Entwicklung ist die Tatsache, daß in neueren Veröffentlichungen nicht mehr nur zwei Geschlechter beschrieben und deren hierarchisches Verhältnis betont wird, sondern daß wir es mit einem komplexen, vielschichtigen und durchaus widersprüchlichen Prozeß der Herstellung von Weiblichkeiten und Männlichkeiten in Geschlechterverhältnissen zu tun haben. Die sozialen Praktiken zur Produktion von Geschlechtsidentitäten in Geschlechterverhältnissen gilt es vor diesem Hintergrund mit Hilfe einer soziologischen Perspektive zu ergründen, die sowohl Interaktionsprozesse von Darstellung und Wahrnehmung des Geschlechtlichen als auch institutionelle und gesamtgesellschaftliche Strukturbedingungen zur Herstellung hierarchischer Verhältnisse zwischen den Geschlechtern thematisieren kann.

2.5 Weiblichkeiten und Männlichkeiten: Zur These der Pluralisierung der Geschlechter

Im Geschlechterverhältnis verändern sich vor dem Hintergrund gesamtgesellschaftlichen Wandels die Bedingungen zur Konstruktion und Modifikation von Weiblichkeiten und Männlichkeiten permanent. Geschlechtsstereotype und tradierte Männlichkeits- und Weiblichkeitskonzepte, die als legitimatorischer Hintergrund für die geschlechtliche Arbeitsteilung und die Unterordnung der Frau unter den Mann genutzt werden, sind vielfach gebrochen durch Differenzen zwischen und innerhalb der Geschlechter[24]. Bipolare Geschlechtstypisie-

---

[24]Da ich auf die internen Differenzierungen bezogen auf Weiblichkeit in dieser Arbeit nicht weiter eingehe, verweise ich auf folgende Literatur: Ein guter Überblick zu dieser Debatte findet sich z.B. bei Ramazanoglu, 1989. Becker-Schmidt (1991) betont in ihrem Ansatz der 'doppelten -inneren wie äußeren- Vergesellschaftung von Frauen' die Widersprüchlichkeit im Prozess der Vergesellschaftung für Frauen. Knapp (1988a) erinnert in ihrem Essay ebenfalls an die vielfältigen Differenzen zwischen Frauen, die sie als 'die vergessene Differenz' bezeichnet.

rungen, die im Alltagsverständnis und auch in den Sozialwissenschaften noch immer stark verbreitet sind, spiegeln nur einen winzigen Ausschnitt aus der fast unbeschränkten Variabilität des Geschlechtlichen wider (Schäfers, 1992: 108). Beispielhaft seien hier die Unterscheidungskategorien Rasse/Hautfarbe (z.B. Collins, 1991; Hooks, 1991); Ethnie/ Nationalität; Klassen-, Schicht- und Milieuzugehörigkeit (z.B. Knapp, 1992); Alter; sexuelle Orientierung; religiösspirituelle Orientierung und Bildungsgrad genannt (Collinson und Hearn, 1994). Gleichwohl betont Hagemann-White (1993) mit Bezug auf West/Zimmermann (1987), daß wir im Prozeß des „doing gender" mit all den Differenzierungen, die erlebt und beschrieben werden können, die eigene Mitwirkung bei der Konstruktion von Zweigeschlechtlichkeit weder aussetzen noch unterlassen können, denn wir leben in einer Gesellschaft bzw. Kultur, die Frauen und Männer als Unterschiedliche unterteilt und diese Zuordnung zu einem Geschlecht auch durchsetzt.

> „Indem wir die Zweigeschlechtlichkeit mit herstellen, (...) vollziehen und bestätigen wir deren immanente Hierarchie. Die Höherwertigkeit des Männlichen wird nicht zusätzlich zu einer an sich neutralen Differenz erzeugt, wie dies in allen Ansätzen angenommen wurde, welche den 'kleinen Unterschied' als biologische Gegebenheit ansahen. In der Interaktion zeigt sich bei genauerer Beobachtung vielmehr, daß wir Männlichkeit *als* Dominanz, Weiblichkeit *als* Unterordnung symbolisch vollziehen. Damit wirken wir alltäglich bei der Fortschreibung patriarchaler Ungleichheit mit." (Hagemann-White, 1993: 71)

Weiblichkeit und Männlichkeit sind also wechselseitig aufeinander bezogene Kategorien, die in einem hierarchischen Verhältnis zueinander stehen, und gleichzeitig intern vielfältig differenziert und hierarchisiert sind. Bezogen auf die Konstruktion von Männlichkeiten in der modernen Gesellschaft ist dies u.a. von Connell (1987, 1995a, 1995b) systematisch entwickelt worden.

2.5.1 Hegemoniale Männlichkeit als Strukturprinzip moderner Gesellschaft

Die kritische Reflexion über Männer als geschlechtlich handelnde Akteure und Männlichkeit als Strukturkategorie der modernen Gesellschaft hat sich seit etwa fünfzehn Jahren v.a. im anglo-amerikanischen Sprachraum zu einem wichtigen neuen Forschungsfeld in den Sozialwissenschaften entwickelt. Kritische Männerforschung[25] entstand vor dem Hintergrund feministischer Denkanstöße aus

---

[25]In einem programmatischen Aufsatz plädiert Brod (1987b) für eine neue, antisexistische Männerforschung, die Männer als Geschlechtswesen, männliche Erfahrungen als historisch und kulturell variierende Aspekte von Männlichkeit, und strukturelle Entstehungsbedingungen von Männlichkeitskonstruktionen in Geschlechterverhältnissen zum Thema macht. Brod widerspricht der geläufigen feministischen These, daß durch die Gleichsetzung von „Mann" und „Mensch" in der Wissenschaftsgeschichte in bezug auf das verallgemeinerte

einem Interesse von einigen Männern (und einigen Frauen) an einer Kritik bisher geltender Männlichkeitsvorstellungen, und aus dem Wunsch, neue Formen von Männlichkeit(en) zu suchen, was sich in einer populären Selbstverständigungsliteratur (z.B. Wieck, 1987; Goldberg, 1986) und einer gehaltvollen sozialwissenschaftlichen Literatur v.a. aus angelsächsischen Ländern niederschlug (z.B. Brod, 1987; Kaufman, 1987; Kimmel, 1987; Brittan, 1989; Seidler, 1989, 1994; Morgan, 1992; Hearn, 1987, 1992; in Deutschland z.B. Hollstein, 1988, 1993; Theweleit, 1980; Badinter, 1993). Ein wichtiger Autor in diesem Zusammenhang ist Robert W. Connell, der einen umfassenden Beitrag zur Weiterentwicklung einer Geschlechtertheorie und -politik mit besonderem Augenmerk auf die soziale Konstruktion von Männlichkeiten vorgelegt hat (Connell, 1987, 1995a, 1995b). Seine Überlegungen sind Grundlage dieses Abschnitts der Arbeit.

Jenseits der Geschlechtsrollentheorie (vgl. 2.2.) und biologistischen Begründungen[26] des Geschlechterverhältnisses, die als unzureichend verworfen werden, plädiert Connell für eine relationale Analyse von Geschlecht, in der die Struktur gesellschaftlicher Verhältnisse berücksichtigt wird. Die Geschlechter, Männlichkeiten und Weiblichkeiten, sind nach seiner Überzeugung eingebunden in dynamische Prozesse konfigurierender Praxis in der Zeit. Geschlechtsidentitäten, die Connell auch als „gender projects" bezeichnet, entwickeln sich demnach in sozialisatorischen Prozessen entlang des Lebenslaufs und sind eine durch ideologisch-politische und historisch-kulturelle Diskurse wandelbare Bedingung und Folge des gesellschaftlichen Lebens. Bezogen auf die Konstruktion von Männlichkeit bedeutet dies:

> „The concept (of masculinity, R.L.) is inherently relational. 'Masculinity' does not exist except in contrast with 'feminity'. A culture which does not treat women and men as bearers of polarized character types, at least in principle, does not have a con-

---

(männliche) Geschlecht nichts verborgen bleibt und deshalb Männerforschung von Männern und über Männer nicht erst neu etabliert werden muß, weil alle Forschung „Männerforschung" war: „While *seemingly* about men, traditional scholarship's treatment of generic man as the human norm in fact systematically excludes from consideration what is unique to men *qua* men. The overgeneralization from male to generic human experience not only distorts our understanding of what, if anything, is truly generic to humanity but also precludes the study of masculinity as a *specific male* experience, rather than a universal paradigm for *human* experience." (Brod, 1987b: 2) Eine kritische Auseinandersetzung zu unterschiedlichen Strömungen der sog. „kritische Männerforschung" (Engl.: „men's studies") findet sich z.B. bei Brzoska (1992), Walter (1996), Armbruster (1993) und Morgan (1992)

[26]Dies sind nach Connell (1995a, 1995b) Theorien, die Männer und Frauen als präformierte Kategorien behandeln, welche insbesondere aufgrund unterschiedlicher biologischer Ausstattungen zur Hierarchisierung der Geschlechter beitragen. Er bezeichnet diese Denkweise als „kategoriale Theorien". Komplexe Zusammenhänge wie z.B. Gewaltverhältnisse zwischen Mitgliedern der gleichen Geschlechtskategorie lassen sich mit Hilfe dieses Ansatzes kaum erklären.

cept of masculinity in the sense of modern European/American culture. (...) Our concept of masculinity seems to be a fairly recent historical product, a few hundred years old at most. In speaking of masculinity at all, then, we are 'doing gender' in a culturally specific way. This should be borne in mind with any claim to have discovered transhistorical truths about manhood and the masculine." (Connell, 1995b: 68)

Dabei tragen gesellschaftliche Institutionen wie z.B. der Staat, die Schule, das Militär, Sport oder die Arbeitswelt aufgrund ihres vergeschlechtlichten Charakters in besonderem Maße dazu bei, daß eine Geschlechterordnung entstehen kann, die als historisches Produkt v.a. durch die herausragende Bedeutung von (a) Machtverhältnissen, (b) Produktionsverhältnissen und (c) emotional-libidinöser Besetzung (cathexis) gekennzeichnet werden kann (Connell, 1995a: 62 ff.; Connell, 1995b: 73 ff.).

Zu (a): Die allgemeine Unterordnung von Frauen und die ideologisch und wissenschaftlich legitimierte Vorherrschaft von Männern in fast allen gesellschaftlichen Bereichen bezeichnet die Hauptachse von Macht in der derzeit herrschenden europäisch-amerikanischen Geschlechterordnung. Diese grundsätzliche Machtdifferenz ist weiterhin ein wesentliches Strukturmerkmal moderner Gesellschaften, obwohl punktuell durchaus eine Umkehr der Hierarchie beobachtet werden kann (z.B. weibliche Professorin prüft männlichen Studenten; weibliche Geschäftsführerin delegiert Aufgaben an männliches Personal) und die gut begründete feministische Kritik an ungleich verteilter Macht im Geschlechterverhältnis zumindest die Legitimität patriarchaler Verhältnisse fundamental in Frage gestellt hat.

Zu (b): Die tradierte geschlechtliche Arbeitsteilung (Frauen: v.a. zuständig für unbezahlte Arbeit in Familie und Haushalt; Männer v.a. zuständig für bezahlte Erwerbsarbeit) und ein nach Geschlecht differenzierter Arbeitsmarkt mit vergeschlechtlichten Berufen führen über ungleiche Lohnzahlungen an Männer und Frauen sowie die historisch gewachsene Dominanz von Männern bei der Kontrolle großer Unternehmen und großer Privatvermögen dazu, daß, von Ausnahmen abgesehen, Männern die „patriarchale Dividende" (Connell, 1995a, 1995b) in Form von ideellen (z.B. Ehre, Sozialprestige, Autorität) und materiellen Vorteilen (z.B. hohes Einkommen, große Privatvermögen) als Ergebnis der ungleichen Verteilung der Produkte gesellschaftlicher Arbeit zufällt. Weiblichkeit und Männlichkeit werden demnach durch ein geschlechtsstrukturiertes System von Produktion, Konsumption und Verteilung mitbestimmt.

Zu (c): Die Praktiken des Begehrens, die libidinöse Besetzung von Objekten im Sinne der Psychoanalyse, müssen ebenfalls vor dem Hintergrund des vorherrschenden Geschlechterverhältnisses und den damit zusammenhängenden gesellschaftlichen Normierungen wie z.B. (zwangs)heterosexueller Orientierung oder der patriarchal verkürzten Sichtweise von Frauen als sexuelle Objekte der Männer gesehen werden, die ebenfalls mit der gesellschaftlichen Vormachtstellung von Männern in Verbindung gebracht wird (z.B. Buchbinder et al., 1987).

Männlichkeiten sind als eine Konfiguration von Praxis ihrem Wesen nach historisch gewachsene und veränderbare soziale Konstruktionen, die sich zwar auf männliche Körper beziehen, aber nicht durch männliche Biologie determiniert sind.

> „Männlichkeiten sind Konfigurationen von Praxis in Geschlechterverhältnissen; eine Struktur, die sowohl weiträumige Institutionen und ökonomische Verhältnisse wie auch Beziehungen von Angesicht zu Angesicht und Sexualität einschließt. Männlichkeit ist in dieser Struktur institutionalisiert und ist zugleich ein Aspekt des individuellen Charakters oder der Persönlichkeit. (...) Darüber hinaus gibt es Männlichkeit in unpersönlicher Weise in der Kultur, als Subjektposition im Prozeß der Repräsentation, in den Sprachstrukturen und anderen Symbolsystemen. Die individuelle Praxis kann diese Positionierung wiederholend verstärken, kann sich ihr aber auch entgegensetzen und in Widerspruch dazu treten." (Connell, 1995a: 68).

Der letzte Satz dieses Zitats deutet bereits an, daß neben dem kulturell maßgeblichen, autoritativen oder hegemonialen Muster von Männlichkeit weitere Formen von Männlichkeit existieren, die gleichzeitig kulturell produziert werden. Damit argumentiert Connell ganz ähnlich wie Knapp (1992) für eine Ausweitung des Differenzblicks auf Männer und Männlichkeiten:

> „Die Schärfung des kategorialen Unterscheidungsvermögens ist notwendig, um etwa die Verbindung aber auch die Differenz zwischen Männern als Individuen, kultureller Konstruktion von 'Männlichkeit', sozialen 'Rollen'-Angeboten für Männer und gesellschaftliche-struktureller Dominanz des männlichen Geschlechts in den verschiedenen sozialen Schichtungen, die auch Männer untereinander in Verhältnisse sozialer Ungleichheit versetzen, begreifen zu können." (Knapp, 1992: 296)

Verschiedene Formen von Männlichkeiten zu unterscheiden und in ihren hierarchischen Beziehungsmustern zu untersuchen bedeutet nicht, in individualistischer Weise davon auszugehen, daß Männlichkeit von Männern wie eine Ware auf dem Markt der postmodernen Lebensstilvarianten erworben werden könnte. Es geht Connell vielmehr darum, die vielfältigen Zwänge bei der Gestaltung von Geschlechtsidentität in Geschlechterverhältnissen und die daraus erwachsenen leid- und lustvollen Aspekte mit Hilfe soziologischer Deutungsmuster angemessener als bisher in den Blick zu bekommen. Connell unterscheidet in seinem Ansatz hegemoniale Männlichkeit von untergeordneter, komplizenhafter und marginalisierter Männlichkeit (Connell, 1995a: 69; 1995b: 76 ff.). Er betont, daß es sich dabei in erster Linie um verschiedene Ausprägungsformen von Männlichkeit handelt, die in ihrem dynamischen und hierarchischen Verhältnis zueinander wirklichkeitsnah untersucht werden müssen, um eine statische und unhistorische Typologisierung zu vermeiden. Bezogen auf „hegemoniale Männlichkeit" bedeutet dies:

„Hegemonic masculinity is not a fixed character type, always and everywhere the same. It is, rather, the masculinity that occupies the hegemonic position in a given pattern of gender relations, a position always contestable." (Connell, 1995b: 76)

Diese Variabilität und die damit zusammenhängenden internen Machtkämpfe zwischen verschiedenen Formen von Männlichkeiten um die hegemoniale Position wird im 4. Teil dieser Arbeit exemplarisch im Kontext des Managements von Organisationen deutlich. Dabei zeigt sich, daß sich die historisch in sozialen Praktiken produzierte hegemoniale Form von Männlichkeit als kulturell vorherrschende Ausprägung von heterosexueller Männlichkeit v.a. über die Unterordnung von Frauen, aber auch vieler Gruppen von Männern konstituiert.

„Hegemonic masculinity can be defined as the configuration of gender practice which embodies the currently accepted answer to the problem of the legitimacy of patriarchy, which guarantees (or is taken to guarantee) the dominant position of men and the subordination of women." (Connell, 1995b: 77)

Der Begriff „Hegemonie", den Connell von Gramsci übernommen hat, bezeichnet die gesellschaftliche Machtstellung von Gruppen, die kulturell und ideologisch so fest verankert ist, daß sie unhinterfragt als normal und selbstverständlich gilt, und gleichzeitig von den nicht-herrschenden Gruppen aktiv unterstützt wird (Böhnisch/Winter, 1993: 35; Bilden, 1991: 293). Die kulturelle Hegemonie dieser Form von Männlichkeit geht meist einher mit individueller oder kollektiver Macht in gesellschaftlichen Institutionen wie z.B. Wirtschaftsunternehmen, Militär, Staat und Bürokratie.[27] D.h. viele Organisationen, die, wie noch zu zeigen sein wird, ebenfalls in entscheidender Weise eine vergeschlechtlichte Struktur aufweisen, bieten eine vorzügliche Arena zur Repräsentation von hegemonialer Männlichkeit, welche sich als erfolgreiches Muster mit Autorität, z.T. gewaltsam erzwungen, ausstattet bzw. ausgestattet wird. Gleichwohl ist diese Autorität bzw. Hegemonie ein durchaus labiles und bedrohtes Privileg:

„I stress that hegemonic masculinity embodies a 'currently accepted' strategy. When conditions for the defence of patriarchy change, the bases for the dominance of a particular masculinity are eroded. New groups may challenge old solutions and construct new hegemony. The dominance of *any* group of men may be challenged by women. Hegemony, then, is a historically mobile relation. Its ebb and flow is a key element of the picture of masculinity (...)." (Connell, 1995b: 77 f.; vgl. auch Brittan, 1989)

---

[27]Diese Parallele muß allerdings nicht immer vorhanden sein. Connell (1995b: 77) beschreibt beispielsweise einen sehr machtbewußten und wohlhabenden Australier, der in den 50er Jahren trotz seiner öffentlich-institutionellen Macht im Privatleben zum Schirmherr der schwulen Gemeinde von Sydney wurde und sogesehen sowohl hegemoniale als auch untergeordnete Männlichkeit verkörperte. Ein anderes Beispiel sind Filmschauspieler, die ggf. hegemoniale Männlichkeit in Filmen verkörpern, im Privatleben aber möglicherweise keine Möglichkeiten haben, eine hegemoniale Position zu erringen.

Als komplementäres Gegenstück zu hegemonialer Männlichkeit kann die tradierte heterosexuelle Weiblichkeit, Connell bezeichnet sie auch als „betonte Weiblichkeit", betrachtet werden. Sie wird aufgrund gesellschaftlicher Zuschreibungen wie sanftmütig, passiv, fürsorglich, verletzlich, schwach, häuslich usw. und aufgrund der sozial erwünschten Zuständigkeit für Kindererziehung, Haushalt und Betreuung des berufstätigen Mannes zu einem prestigeträchtigen (z.B. durch das damit verbundene Liebes-, Lust- und Leidenschaftsversprechen und durch die ggf. erfahrene Macht und Autorität im privaten Bereich) aber auch repressiven (z.B. erzwungene Heterosexualität, die als gewaltförmig oder als den persönlichen Neigungen widersprechend empfunden wird) sozialen Orientierungsmuster für Frauen (Connell, 1987: 183-190; Rastetter, 1994: 40 f.). Der Widerstand vieler Frauen gegen den gesellschaftlichen Zwang zur Unterordnung unter männliche Definitionsmacht in vielen gesellschaftlichen Bereichen bezeichnet eine wesentliche Quelle anderer Formen von Weiblichkeit jenseits der „betonten Weiblichkeit". Außerdem lassen sich drei weitere Formen von Männlichkeit unterscheiden.

2.5.2 Untergeordnete, komplizenhafte und marginalisierte Männlichkeit

Die kulturelle Hegemonie einer bestimmten Form von Männlichkeit existiert stets in hierarchischem Kontrast zu verschiedenen Gruppen von Männern, die aufgrund abweichender Formen von Männlichkeit über deutlich weniger Einfluß, Macht und Autorität verfügen. Als Beispiel für **„untergeordnete Männlichkeit"** führt Connell die Männlichkeitsformen homosexueller Männer in der zeitgenössischen europäisch-amerikanischen Kultur an; einer homophoben Kultur, die von heterosexuellen Männern dominiert wird und die schwule Männer in vielen gesellschaftlichen Bereichen nach wie vor ausgegrenzt, stigmatisiert und pathologisiert (Connell, 1995b: 78 f.). Die befürchtete Gefährdung männlicher Hegemonie durch homosexuelle Männlichkeit und die massive Abwehr gegen Homosexualität bei vielen heterosexuellen Männern basiert auf unbewußten und bewußten Identifikationen von Homosexualität mit weiblichen Attributen wie „soft", „schwach" und „hilfsbedürftig". Eigenschaften, die im hegemonialen Muster von Männlichkeit nicht in Erscheinung treten dürfen, da sie die Hegemonie bedrohen. Die gut dokumentierte Unterdrückung schwuler Männer macht sich fest an politischer und kultureller Ausgrenzung, Gewalt gegen Schwule, öffentlichen Beschimpfungen von Schwulen, materieller Diskriminierung bei anstehenden Beförderungen in Unternehmen usw. (vgl. z.B. NSW Anti-Discrimination Board, 1982).

Eine Männlichkeit, die nicht bereit ist, geschlechtsspezifische Privilegien zu streichen und stillschweigend die „patriarchale Dividende" weiter einstreichen möchte, nennt Connell **„komplizenhafte Männlichkeit",** denn sie wirkt als

Komplize „hegemonialer Männlichkeit", teilt aber nicht deren Rigidität und Militanz in der Verteidigung patriarchaler Vorrechte (Connell, 1995a: 69). D.h. Männer, die eine komplizenhafte Männlichkeit verkörpern, sind nicht in der Lage, eine ähnlich privilegierte und exponierte Position einzunehmen, wie die Autorität hegemonialer Männlichkeit verspricht (Positionen, die generell ein knappes Gut in einer hierarchisch strukturierten Gesellschaft sind), sondern sie profitieren aufgrund ihrer Sympathie und Nähe zu diesem hegemonialen Muster und ihrer Zugehörigkeit zur Kategorie Männlichkeit bzw. der Distanz zu Lebensbereichen, die als „weibliche" Sphären kulturell aufgeladen sind. Die „Komplizenschaft" kann sogar soweit gehen, daß ein Interesse an einem hierarchischen Geschlechterverhältnis, das eine „patriarchale Dividende" ermöglichen soll, mit aufgeklärt-emanzipativen Verhaltensweisen in privaten und öffentlichen Räumen einhergeht.

„Marriage, fatherhood and community life often involve extensive compromises with women rather naked domination or an uncontested display of authority. A great deal of men who draw the patriarchal dividend also respect their wives and mothers, are never violent towards women, do their accustomed share of the housework, bring home the family wage, and can easily convince themselves that feminists must be bra-burning extremists." (Connell, 1995b: 79 f.)

„Marginalisierte Männlichkeit" bezieht sich v.a. auf ausgebeutete und unterdrückte Gruppen von Männern wie z.B. Männer aus sozial benachteiligten Schichten oder ethnische Minderheiten. Sie können zwar einige Ähnlichkeiten zur Form der hegemonialen Männlichkeit aufweisen, genießen aber gesellschaftlich keine Autorität und profitieren nicht oder kaum von der sog. „patriarchalen Dividende". Der gegenwärtige soziale Wandel, der durch Stichworte wie Massenarbeitslosigkeit, Rückzug des Sozialstaats, Migrationsbewegungen, wachsende Armut bei vielen und wachsendem Reichtum bei wenigen charakterisiert werden kann, führt u.a. dazu, daß viele Männer beim Kampf um knappe Ressourcen und angesehene Positionen, die (männliches) Sozialprestige vermitteln könnten, zunehmend chancenlos sind. Die Wahrscheinlichkeit, in diesem Kampf zu unterliegen, trifft insbesondere Männer, die durch körperliche Behinderung, schwarze Hautfarbe, fremde Nationalität oder aufgrund ihrer Herkunft aus unteren sozialen Schichten mit entsprechend geringen Entwicklungsmöglichkeiten ein sichtbares und nachhaltig wirkendes Stigma zu verkraften haben (Connell, 1995b: 80 f.).

Diese verschiedenen Formen von Männlichkeit, die als dynamische Konfigurationen von Praxis vor dem Hintergrund bestimmter sozialer Interaktionen und wechselvoller situativer Beziehungsmuster (re-)produziert werden, müssen analytisch stets auf die hierarchische Geschlechterordnung insgesamt bezogen bleiben:

„Die Hauptachse, um die herum die Variationen von Männlichkeit sich organisieren, ist das allgemeine gesellschaftliche Verhältnis zwischen Männern und Frauen, das heißt die Struktur der Geschlechterverhältnisse als Ganzes. Eine starke kulturelle Opposition zwischen „männlich" und „weiblich" ist für patriarchale Geschlechterordnungen charakteristisch, sie findet ihren Ausdruck in der Kultur zumeist in Dichotomien und Negationen. Dadurch wird hegemoniale Männlichkeit häufig negativ definiert, als das Gegenteil von Weiblichkeit. Untergeordnete Formen von Männlichkeit werden der Weiblichkeit symbolisch angeglichen (vgl. Beschimpfungen als „sissies" oder „nanny-boys")." (Connell, 1995a: 69)

Im Prozeß der lebenslangen Sozialisation werden diese Formen von Männlichkeit innerhalb vielfältiger sozialer Beziehungen durch aktives Aushandeln entwickelt. D.h. Männlichkeiten können im Gegensatz zu institutionellen Zwängen wachsen oder durch Anpassung an verschiedene Formen von Männlichkeit geformt werden. Keines dieser sozio-kulturellen Orientierungsangebote kann als endgültig betrachtet werden, denn empirische Arbeiten zeigen, daß z.B.

„eine anfängliche Verpflichtung auf das hegemoniale Männlichkeitsmuster (...) abgelöst werden (kann) von einer Distanzierung oder sogar einer Auflehnung dagegen."(Connell, 1995a: 69)

Beispiele dafür sind hetero- und homosexuelle Männer, die sich aktiv in der politischen Öffentlichkeit für die Chancengleichheit schwuler Lebensweisen einsetzen oder Männer, die sich im Rahmen der Ökologiebewegung oder anderer sozialer Bewegungen auch für ein enthierarchisiertes Geschlechterverhältnis und eine Veränderung von Männlichkeit engagieren und damit dem hegemonialen Muster von Männlichkeit alternative Entwürfe und Praktiken entgegensetzen. Das Verhältnis zwischen Männlichkeit und Patriarchat scheint also nur vordergründig kohärent und eindeutig zu sein. Connell resümiert:

„Im allgemeinen hat sich im Erwachsenenalter eine komplexe, nicht homogene Persönlichkeitsstruktur herausgebildet, in der widersprüchliche Gefühle und Bindungen nebeneinander bestehen. (...) Die Her- und Darstellung von Männlichkeit im Erwachsenenleben ist zum Teil ein Ergebnis dieses Entwicklungsprozesses, der die Eignungen einer Person für die Praxis bestimmt, und zum anderen Teil Gegenstand der sozialen Situationen, in denen die Person handelt. Männer, deren Männlichkeit sich im Zusammenhang mit einer fortgesetzten gesellschaftlichen Unterordnung von Frauen herausbildet, haben Neigung, mit ihrem Handeln die Generierung einer patriarchalen Dividende zu unterstützen. Dennoch sind die Interessen von Männern gespalten: Als ein Ergebnis der Unterordnung einiger Formen der Männlichkeit innerhalb eines hegemonialen Musters und als ein Ergebnis des Zusammenspiels zwischen Geschlechterverhältnissen und Strukturen von Rasse, Klasse und Nationalität. In bestimmten Situationen sind die Interessen von Männern in stärkerem Maße von ihren Beziehungen zu besonderen Frauen oder Kindern bestimmt oder zu Gruppen, die aus Frauen und Kindern bestehen, als durch ihre gemeinsamen Interessen mit anderen Männern. Auf all diesen

Wegen wird das allgemeine Interesse von Männern am Patriarchat inkohärent und angreifbar." (Connell, 1995a: 70)

2.6 Sozialer Wandel im Geschlechterverhältnis und „Krise der Männlichkeit"

Connell (1995b: 84-86) beschreibt die gegenwärtigen Veränderungen im Geschlechterverhältnis entlang seiner dreigeteilten Systematik von Macht, Produktion und Cathexis als Rahmenkonzept (vgl. 2.5.1), um die zeitgenössischen Bedingungen zur sozialen Konstruktion von Männlichkeiten verstehen zu können: Die Legitimität männlicher Hegemonie ist durch feministische Kritik und emanzipatorische Politik von und für Frauen (Gleichstellungspolitik, Frauenförderung usw.) fundamental kritisiert worden. Dies hat entscheidend dazu beigetragen, daß die Hierarchie im Verhältnis der Geschlechter und die kulturelle Hegemonie von Männlichkeit brüchig geworden sind und Menschen und Institutionen begonnen haben, auf persönlichen, institutionellen und politischen Ebenen für die Veränderung der Geschlechterordnung zu arbeiten.

Als Folge der zum Teil erheblichen Irritationen und Verunsicherungen vieler Männer aufgrund der sozialen Spannungen im Geschlechterverhältnis lassen sich vielfältige und recht widersprüchliche gesellschaftliche Suchbewegungen beschreiben, die die „Krise der Männlichkeit" (Kimmel, 1987) als Ausgangspunkt für Strategien zur Neudefinition von Männlichkeit nutzen. Das Spektrum dieser verschiedenen politischen Strömungen reicht von antisexistischen bzw. profeministischen Orientierungen, über Ansätze schwuler Politik, kirchlichreligiösen Neuorientierungen und therapeutischen Angeboten bis zu neueren, z.Zt. besonders populären mythopoetischen Initiationskulten und, als extremer antifeministischer Reflex, militaristischen Strömungen (Connell, 1995a:70).[28]

Auf der Ebene der Produktionsverhältnisse hat, bezogen auf das Geschlechterverhältnis, die deutliche Zunahme der Frauenerwerbstätigkeit bei allerdings fortbestehender Ungleichheit der Verteilung von Lohn, Gewinn und Eigentum zu Veränderungen im Verhältnis der Geschlechter beigetragen (Bilden, 1991, 297 ff.). Die geschlechtliche Arbeitsteilung mit „weiblich" konnotierter Haus- und Familienarbeit (beziehungs- und bedürfnisorientiert) und „männlich" konnotierter Berufsarbeit (konkurrenz- und leistungsorientiert) scheint trotz dieser Veränderungen weitestgehend ungebrochen fortzubestehen. Noch immer sind die Berufsarbeit, der Arbeitsmarkt und v.a. die Arbeitszeitregelungen überwie-

---

[28]Ein guter Überblick zu diesem äußerst heterogenen politischen Spektrum findet sich bei Clatterbaugh (1990) oder Segal (1990); Meuser (1995) begründet im Rahmen seiner wissenssoziologischen empirischen Forschungsarbeit zur Analyse von Deutungsmustern und kollektiven Orientierungen von Männern in Deutschland eine Systematik, die „traditionelle", „bewegte" und „wilde" Männer unterscheidet.

gend quantitativ und qualitativ so ausgerichtet, daß Frauen und Männer, die Erwerbsarbeit leisten wollen oder müssen, Dienstleistungen anderer Personen im Reproduktionsbereich (Haushalt, Kinderbetreuung etc.) in Anspruch nehmen müssen, was i.d.R. ein Privileg der Männer in der modernen Gesellschaft ist („Hinter jedem erfolgreichem Mann steht eine Frau, die ihm den Rücken freihält"; Umgekehrt gilt dies nicht!).

Trotz der dokumentierten Angleichung der Bildungsqualifikationen von Frauen und Männern bleibt der Arbeitsmarkt geschlechtsspezifisch segmentiert[29] und die innerfamiliäre Aufgabenteilung scheint ebenfalls eine langlebige Konstante gesellschaftlichen Lebens zu sein. Das bedeutet für viele Frauen, auch heute noch in Hinblick auf die von ihnen zu leistende Reproduktionsarbeit in den Arbeitsprozeß integriert zu werden, was häufig mit deutlichen Nachteilen verbunden ist. Es bedeutet für Männer, weiterhin sehr eindimensional auf Erfolg und Karriere im Beruf festgelegt zu bleiben und die schwierige Aufgabe der Vermittlung von Berufs- und Haus- und Familienarbeit an Frauen zu delegieren (Notz, 1991: 135). Die Abneigung auf Seiten der meisten Männer, Reproduktionsarbeit im privaten Bereich zu leisten, ist eine empirisch belegte Konstante, die sich offensichtlich trotz fortschreitender Technisierung des Alltags nicht oder kaum ändert. Metz-Göckel und Müller (1986) stellen als Fazit ihrer empirischen Forschung resigniert fest, daß sich eine deutliche Diskrepanz zwischen dem auch von Männern nach außen hin vertretenen Gleichheitspostulat und dem tatsächlichen Verhalten beobachten läßt.

Gleichwohl bleibt die allgemein gestiegene Neigung vieler Frauen zur kontinuierlichen Erwerbsarbeit mit dem damit häufig verbundenen Ziel der ökonomischen Unabhängigkeit nicht gänzlich folgenlos für das Verhältnis der Geschlechter.[30] Insbesondere Frauen stellen neue Forderungen an die bessere Vereinbarkeit von Beruf und Familie und wünschen sich jenseits der tradierten asymmetrischen Elternschaft (Chodorow, 1985) eine geteilte, gemeinsam verantwortete Elternschaft,

---

[29]Klein (1994: 210) weist z.B. darauf hin, daß Frauen ihre Berufswahl auf relativ wenige Berufe konzentrieren. 1989 waren 67% der berufstätigen Frauen in nur 10 Berufsgruppen tätig, meistens in Verwaltungs-, Verkaufs-, Büro- und Gesundheitsberufen. Hinzu kommt, daß Frauenarbeitsplätze meist mit geringeren formalen Qualifikationsanforderungen, geringerer Bezahlung, geringeren Aufstiegsmöglichkeiten und geringerer gesellschaftlicher Wertschätzung ausgestattet sind. Untere Funktionsebenen sind häufig Frauendomänen, während Führungspositionen in Wirtschaft und Verwaltung noch immer fast ausschließlich durch Männer besetzt sind.

[30]Die gestiegene Neigung, Erwerbsarbeit zu leisten, betrifft auch Frauen mit Kindern, wie Zahlen des Bundesministeriums für Jugend, Familie, Frauen und Gesundheit belegen (BMJFFG 1992, S. 39). So stieg die Erwerbsquote bei den verheirateten Frauen im Alter von 35-40 Jahren zwischen 1970 und 1988 von 41% auf 57%. Von den erwerbstätigen Frauen hatten 1990 27,7% Kinder unter 18 Jahren, knapp 10% Kinder unter 6 Jahren (Klein, 1994: 210)

„in dem zwei Elternteile mit Kind(ern) zusammenleben, beide zu gleichen Zeitanteilen erwerbstätig sind und die Erziehung und die Haushaltsarbeiten nach ihrem eigenen Selbstverständnis zeitgleich und gleichverantwortlich unter sich (aufgeteilt wird)." (Hess-Diebäcker und Stein-Hilbers, 1989: 11)

Diese berechtigten Forderungen vieler Frauen und die für Männer generell schwieriger werdenden Bedingungen zur Reproduktion von „hegemonialer Männlichkeit" und „patriarchaler Dividende" (Connell, 1995b) in einer Gegenwart, die durch Massenarbeitslosigkeit, Sozialabbau und wachsende soziale Spannungen gekennzeichnet ist, haben starken Anteil daran, daß die Krise der Männlichkeit im „Kampf der Geschlechter" (Hollstein, 1993) eine Neuorientierung von Männern im Geschlechterverhältnis erzwingt. Hinzu kommt, daß aktuelle Veränderungen der (Erwerbs-)Arbeitswelt[31] neue Anforderungen an die berufstätigen Menschen stellen, was u.a. Auswirkungen auf die soziale Konstruktion von Männlichkeit und Weiblichkeit in Geschlechterverhältnissen hat (vgl. 3 und 4). Umgekehrt ist der zeitgenössische Diskurs der Geschlechter nicht ohne Rückwirkungen auf Strukturen, Prozesse und Bedingungen des Zusammenlebens im sozialen Kontext von Organisationen, wie ich exemplarisch am Thema „Geschlechterverhältnisse im Management von Organisationen" zeigen werde.

Einen weiteren Impuls zur Veränderung der Geschlechterverhältnisse und zur Neugestaltung von Männlichkeit und Weiblichkeit sieht Connell (1995b) in der zunehmenden Akzeptanz schwuler und lesbischer Lebensweisen als private und öffentliche Alternative zur verbreiteten „Zwangsheterosexualität" (Rich, 1980). Forderungen nach sexueller Selbstbestimmung jenseits patriarchaler Zwänge haben starken Einfluß auf die emotionale und sexuelle Besetzung (cathexis) und die damit einhergehende Praxis vieler homo- und heterosexueller Frauen und Männer ausgeübt.

> „The patriarchal order prohibits forms of emotion, attachment and pleasure that patriarchal society itself produces. Tensions develop around sexual inequality and men's rights in marriage, around the prohibition on homosexual affection and around the threat to social order symbolized by sexual freedoms." (Connell, 1995b: 85).

---

[31]Zur Illustration seien hier die folgenden Stichworte genannt: Zunehmende Globalisierung, Deregulierung und Privatisierung kapitalistischer Ökonomien; diskontinuierliche Erwerbsbiographien als neue Normalität für immer mehr Menschen; tendenziell steigender Mobilitäts- und Qualifikationsdruck in z.T. prekären Arbeitsverhältnissen; zunehmende Technisierung der Arbeitswelt bei wachsendem Zwang zu höherer Leistung und Produktivität; Trend zu flexibleren Arbeitszeiten und deregulierten Arbeitsverhältnissen jenseits bewährter Sicherungssysteme. Die kaum überschaubare Beratungsliteratur zu Themen wie „Soziale und kommunikative Kompetenz", „Organisationsentwicklung als teamorientierte Veränderungsstrategie" oder „Zeit- und Selbstmanagement" ist ein weiteres Indiz für die zunehmenden Unsicherheiten angesichts dieser Veränderungsprozesse.

2.7 Resümee

Die Ausführungen dieses Abschnitts haben gezeigt, daß die soziale Konstruktion der Geschlechter in Geschlechterverhältnissen ein täglich stattfindender Prozeß ist, der vor dem Hintergrund sozialökonomischer und institutioneller Strukturbedingungen, kulturhistorischer Entstehungszusammenhänge und geistesgeschichtlicher Denktraditionen in all seinen differenzierten, widersprüchlichen und nicht zuletzt hierarchisierten Erscheinungsformen untersucht werden kann. Es wurde begründet, weshalb die Geschlechter nicht auf eine statische und unhistorische „Rolle" reduzierbar sind, sondern entscheidend durch soziale Dynamik, widersprüchliche Differenzen zwischen und innerhalb der Geschlechter und eine kaum zu überblickende Vielfalt von Darstellungs- und Wahrnehmungsweisen gekennzeichnet sind. Verschiedene Formen von Weiblichkeit und Männlichkeit können neben-, mit- und gegeneinander in ein und demselben kulturellen bzw. institutionellen Milieu im Prozess der lebenslangen (Geschlechter-) Sozialisation produziert und transformiert werden. Gleichzeitig ist bezogen auf Männlichkeiten betont worden, daß die verschiedenen Ausprägungen von Männlichkeit in einem hierarchischen Verhältnis stehen und der sozialwissenschaftlichen Analyse hegemonialer Männlichkeit für das Verständnis der Reproduktion und/oder Transformation von Geschlechterverhältnissen eine herausragende Bedeutung zukommt.

Die Vielfalt und Differenzen zwischen den Geschlechtern festzustellen bedeutet nicht, diese Unterschiede als festgelegte, quasi idealtypisch-unveränderliche Kategorien zu begreifen. Entscheidend ist, die dynamischen Wechselwirkungen in sozialen Interaktionen zur Konstruktion der Geschlechter in den Mittelpunkt der Forschung zu rücken, um die Veränderungen in den Geschlechterverhältnissen jenseits psychologisierender Zuschreibungen als Produkt sozialer Beziehungen in institutionellen und gesamtgesellschaftlichen Zusammenhängen beschreiben und erklären zu können. Sogesehen sind die kritische Forschung über Männer und Männlichkeiten und der daraus erwachsene Wissensbestand stets zurückgebunden an die Frage, wie Geschlechterverhältnisse in historisch wechselnden sozialen Praktiken konstituiert werden. Dabei ist die sozialwissenschaftliche Erkenntnissuche zur Erklärung der (Re-)Konstruktion von Männlichkeiten nicht von politischen Dimensionen des Ringens um ein verändertes Geschlechterverhältnis zu trennen, denn in vielen Bereichen geht es nicht zuletzt um den Streit widerstrebender Interessengruppen und um die Frage der zukünftigen Ausrichtung des sozialen Wandels in Geschlechterverhältnissen in einem Kontext sozialer Ungleichheit.

Der soziale Wandel der Geschlechterverhältnisse zeigt sich in verschiedensten sozialen Situationen, auf unterschiedlichsten „Bühnen" und muß als vielgestaltiger und widersprüchlicher Prozeß in seiner Komplexität und seiner gesellschaftspolitischen Relevanz und Brisanz verstanden werden. Welche Entscheidungen Frauen und Männer als geschlechtlich handelnde Personen in diesen Auseinandersetzungen treffen, hängt dabei stets vom konkreten sozialen Kontext ab, in dem sie sich bewegen. Im Rahmen dieser Arbeit werden Geschlechterverhältnisse und die soziale Konstruktion von Männlichkeiten im Kontext von Organisationen mit besonderem Blick auf die Ebene des Managements beschrieben und ergründet, um durch diesen Fokus exemplarisch zu verdeutlichen, welcher Erkenntnisgewinn für die Forschung in und über Organisationen möglich ist, wenn die wissenschaftliche Analyse der sozialen Konstruktion der Geschlechter systematisch in organisationssoziologische Untersuchungen integriert wird.

3 Geschlechterverhältnisse, Sexualität und Emotionen in Organisationen

In diesem Abschnitt wird begründet, welchen Erkenntnisgewinn die systematische Integration der bislang vernachlässigten Kategorien Geschlecht, Sexualität und Emotionen in organisationssoziologische Analysen erbringen kann. Anhand von zwei historischen Beispielen aus der Organisationsforschung werden im ersten Schritt die „Geschlechtsblindheit" bisheriger Organisationsanalysen und die daraus resultierenden Verkürzungen und Verzerrungen bisherigen Wissens über Organisationen belegt (3.1), um daran anknüpfend die v.a. im englischsprachigen Raum geführte Debatte zum Zusammenhang von Geschlecht und Organisation nachzuzeichnen (3.2)(vgl. Mills und Tancred, 1992; Savage und Witz, 1992; Itzin und Newman, 1995).

An verschiedenen Stellen wird der Blick dabei auf Geschlechterverhältnisse im Management von Organisationen als hier besonders interessierender Bereich fokussiert. Eine kritische Auseinandersetzung mit feministischen bzw. geschlechtsbezogenen Organisationsanalysen und eine theoretische Integration bestehender Ansätze wurde u.a. von Acker (1991, 1992) geleistet. Ihre Überlegungen, die sie in einer Theorie der vergeschlechtlichten Organisation bündelt, werden ausführlich dargestellt (3.3), mit Rastetters (1994) Ausführungen zum Zusammenhang von Geschlecht, Sexualität und Herrschaft ergänzt, und mit organisationstheoretischen Annahmen von Türk (1989a, 1993) bzw. Stolz und Türk (1992) verbunden (3.4). Anschließend wird der Fokus stärker auf Erscheinungs- und Wirkungsweisen von Sexualität und Emotionen in Organisationen verlagert (3.5), um zu begründen, auf welche Weise sowohl die Unterdrückung als auch die Nutzung von Geschlecht, Sexualität und Emotionen in Organisationen zur Reproduktion bzw. Transformation der vorherrschenden hierarchischen Geschlechterordnung wirksam werden (vgl. Burrell, 1992; Hearn und Parkin, 1987; Hearn et al., 1989; Hochschild, 1990; Fineman, 1993).

3.1 „Geschlechtsblinde" Organisationsforschung von Weber bis in die 80er Jahre

Die Geschichte sozialwissenschaftlicher Forschungen zu und in Organisationen ist eng mit dem Wachstum industrieller Organisationen in der sich entwickelnden bürgerlich-kapitalistischen Gesellschaft des 19. Jahrhunderts verknüpft (Türk, 1989b). Ein zentrales Anliegen dieser stark durch Unternehmensinteressen geleiteten Erkenntnissuche (die fast ausschließlich von Männern geleistet wurde) machte sich an der Frage fest, auf welche Weise große Organisationen ein selbstgesetztes Ziel (z.B. Gewinn erwirtschaften, ein Gemeinwesen effektiv verwalten) möglichst effizient erreichen können (Mills und Tancred, 1992: 2-4). Dabei fällt auf, daß in diesen Arbeiten die handelnden Akteure in Organisationen vor dem Hintergrund eines Menschenbildes beschrieben wurden, das dem Bild einer geschlechtslosen Maschine ähnelt (z.B. Taylor, 1913; vgl. auch Kieser, 1993: 63 ff.). Es galt, die arbeitenden Menschen dem Ziel eines effizienten Organisationsaufbaus und Arbeitsablaufs in optimaler Weise anzupassen, ohne daß dabei das Geschlecht oder andere soziokulturelle Merkmale eine wichtige Rolle spielen sollten (Braverman, 1974).

Dies gilt auch für Webers (1972) klassische Analyse der Bürokratie, in der er zwar auf die einengende und zerstörerische Wirkung aufgrund des Herrschaftscharakters der Rationalisierung von Institutionen (Institutionen, Bürokratien und Arbeitsorganisationen als „stahlharte Gehäuse") hinweist, aber kein Wort darüber verliert, in welcher Weise geschlechtbezogene Wirkungen entstehen (Mills und Tancred, 1992:2). Auch die berühmten Hawthorne Studies (Roethlisberger und Dickson, 1939) aus den späten zwanziger Jahren und die sich anschließende Human Relation-Bewegung (vgl. Kieser, 1993: 95 ff.) untersuchten arbeitende Menschen und Arbeitsbeziehungen ohne Bezug auf Geschlechterverhältnisse in Organisationen. Diese „Geschlechtsblindheit" (Mills und Tancred, 1992) der Organisationsforschung setzte sich nach dem zweiten Weltkrieg im kontingenztheoretischen (bzw. situativen) Ansatz (z.B. Burns und Stalker, 1961; Woodward, 1965) fort und sie gilt selbst für interpretative Ansätze in der Organisationstheorie (z.B. Clark, 1985), bei denen die subjektiven Wahrnehmungen und Deutungen der handelnden Akteure im Vordergrund stehen (Wollnik, 1993:277 ff.). Neuere Entwicklungen in der Organisationsforschung, die sich an den Stichworten „Entmythologisierung", „Politisierung", „Dynamisierung" und „Humanisierung" der Organisationstheorie[32] festmachen (Türk, 1989b: 478 ff.), führten zumindest in Deutschland trotz vielversprechender Weiterentwicklungen[33] nicht dazu, daß Geschlecht, Sexualität und Emotionen als bedeutsame Faktoren des Handelns in und durch Organisationen Beachtung fanden.

---

[32]Dabei geht es insbesondere um eine Problematisierung und Relativierung der Rationalitätsannahmen der traditionellen Organisationsforschung („Entmythologisierung"), um die Thematisierung von Kontroll- und Herrschaftsstrukturen in Organisationen („Politisierung"), um die Thematisierung von Zeit und Bewegung in Organisationen („Dynamisierung") und die Thematisierung der lebensweltlichen und subkulturellen Phänomene in Organisationen („Humanisierung")(Türk, 1989b: 478 f.).

[33]Organisationen werden beispielsweise nicht mehr als abstrakt-eigenständige Systeme mit einer objektiv-versachlichten Struktur, die sich v.a. durch Rationalität auszeichnet, beschrieben, sondern eher als lebensweltlich konstituierte Handlungszusammenhänge mit eigenen spezifischen Kulturen und Subkulturen charakterisiert. Durch die Analyse subjektiver Dimensionen und sozialer Interaktionsprozesse mit den jeweils zugrundeliegenden organisationalen Regeln, Ritualen und Machtspielen werden Organisationen zutreffender als bisher als widerspruchsvolle und konfliktbeladene soziale Systeme beschreibbar (Türk, 1989b: 479 f.).

Anhand der Hawthorne Studies (Roethlisberger und Dickson, 1939) und Cro-
ziers (1964) Analyse französischer Bürokratien soll exemplarisch verdeutlicht
werden, welche „blinden Flecken" durch den „male bias"[34] (Acker und van
Houten, 1992) und die „Geschlechtsblindheit" in der Organisationsforschung
entstehen konnten. Eine zentrale Erkenntnis aus den Experimenten im Rahmen
der Hawthorne Studies resultiert aus der Beobachtung, daß eine motivations-
steigernde Wirkung und ein größerer Gruppenzusammenhalt von einem mitarbeiterorientierten Führungsstil ausgeht, der sich v.a. durch einfühlende und
nichtdirektive Gesprächsführung auszeichnet (Kieser, 1993: 105 f.). Dies führte
in den zwei untersuchten Gruppen, in denen entweder ausschließlich Frauen
(eine Gruppe von fünf Relais-Montage Arbeiterinnen) oder ausschließlich
Männer (eine Gruppe von vierzehn Arbeitern im sog. Bank Wiring Room) ar-
beiteten, zu unterschiedlichen Resultaten: Die Produktivität der Arbeiterinnen
stieg, während die Produktivität der Arbeiter sank. Dieser geschlechtsbezogenen Differenz wurde vom Forscherteam der Hawthorne Studies allerdings keine
Beachtung geschenkt, und erst sehr viel später konnten Acker und van Houten
(1992, Original von 1974) in einer Neuinterpretation der Forschungsarbeiten
nachweisen, daß diese Unterschiede u.a. auf die gruppenspezifischen For-
schungsdesigns zurückzuführen sind. Die Arbeiterinnen wurden z.B. individuell
und informell in Einzelgesprächen für die Forschungsarbeit gewonnen und
während des Experiments streng kontrolliert[35], während die Arbeiter als Gruppe
angesprochen wurden und im Experiment mit erweiterter Entscheidungsfreiheit
Produktionsnormen selbständig beschließen konnten und durch die Forscher
bzw. Vorgesetzten weniger streng kontrolliert wurden. Kontrolle durch männliche Vorgesetzte bzw. Forscher hat eine unterschiedliche Bedeutung für Frauen-
bzw. Männergruppen, denn

---

[34]Dieser „male bias" (ins Deutsche übersetzt könnte von „männlicher Voreingenommenheit"
gesprochen werden) zeigt sich z.B. in der Tatsache, daß die vorwiegend männlichen Forscher i.d.R. Männer in Organisationen zum Untersuchungsgegenstand machten (z.B. Manager, Arbeiter), ohne auf geschlechtsbezogene Faktoren einzugehen. Die Tatsache, daß in
vielen Organisationen v.a. Frauen Positionen und Rollen ausfüllen müssen, die mit deutlich
weniger Entwicklungsmöglichkeiten ausgestattet sind, als Positionen, die Männern übertragen werden, wurde genauso übersehen, wie die spezifischen Mechanismen zur sozialen
Kontrolle insbesondere von Frauen in Organisationen (Acker und van Houten, 1992: 16 f.).

[35]Die soziale Kontrolle der Arbeiterinnen in der Fabrik durch männliche Vorgesetzte und Forscher war, so Acker und van Houten (1992: 19 f.), für die betroffenen Frauen ein vertrautes
Muster aus dem privaten Umfeld, sie lebten noch im elterlichen Haushalt in traditio-
nell-patriarchalen Familien, wo eine ähnlich untergeordnete Stellung von Frauen vor-
herrschte, wie an Frauenarbeitsplätzen. Die paternalistische Haltung der Forscher gegenüber
den Arbeiterinnen zeigte sich auch sprachlich, wenn Roethlisberger und Dickson (1939) die
Arbeiterinnen im Forschungsbericht wiederholt als „girls" bezeichneten oder ihren Widerstand gegen ärztliche Untersuchungen während des Experiment mit Einladungen zu Ku-
chen- und Eiscremeparties brechen wollten. Ein Versuch, den sie vermutlich bei Arbeitern
nicht gewagt hätten...

„the effect of the sex-based hierarchy of the larger society is added to the structuring of control in the organization. For the women's group, the relationship was between powerful males and weak females; that is, the females, being weak, had to please the supervisors if they wished to stay in the test room, so they adopted the norm of increased production." Sie resümieren, „that differences in experimental treatment account to a considerable extent for the increase in productivity of the women's group and the restricted productivity of the men's group. Furthermore, we contend that the differences in treatment are at least partially attributable to the sex differences of the two groups." (Acker und van Houten, 1992: 21 f.)

Diese Zusammenhänge wurden bislang nicht beachtet und sind ein Beleg dafür, daß das Ignorieren geschlechtsbezogener Faktoren zu verkürzten oder gar falschen Forschungsergebnissen führen kann.

Ein zweites Beispiel für eine solche Fehlinterpretation aufgrund der Nichtbeachtung von Geschlecht bzw. Geschlechterverhältnissen in Organisationsanalysen läßt sich anhand der Arbeit von Crozier (1964) zu zwei französischen Bürokratien aufzeigen. Quantitativ dominierten in beiden von ihm untersuchten Organisationen Frauen, während die machtvollen und prestigeträchtigen Positionen von Männern bekleidet wurden. Crozier dokumentiert diese geschlechtliche Asymmetrie ohne ihr große Beachtung zu schenken oder gar nach Erklärungen zu suchen. Die Spannungen und möglichen Konflikte aus dieser Situation geschlechtlicher Ungleichheit v.a. für Frauen und die Repressionen durch Kontrollmaßnahmen insbesondere gegenüber dem weiblichen Personal, die fast wie Kinder reglementiert und zurechtgewiesen wurden, beschreibt Crozier, ohne sie zu problematisieren. Er hat durch seine Analysen in eindrucksvoller Weise Machtkämpfe in Organisationen dokumentiert und nicht beachtet, daß in diesen Machtkämpfen i.d.R. Frauen die unterlegenen und marginalisierten Personen sind (Acker und van Houten, 1992: 22 ff.).

Bereits in den 70er Jahren entwickelten sich erste sozialwissenschaftliche Ansätze einer geschlechtsbezogenen neuen Sichtweise auf Organisationen im englischsprachigen Raum, die im Gegensatz zu bisherigen Theorien die Kategorie Geschlecht in den Mittelpunkt der Analysen rückten. Von diesen Ansätzen werden im folgenden Abschnitt einige beispielhaft erläutert.

3.2 Organisation und Geschlecht: Geschlechtsbezogene neue Sichtweisen auf Organisationen

Seit Beginn der 70er Jahre entwickelte sich eine Vielzahl von Arbeiten zur Analyse geschlechtlicher Segregationsprozesse im Rahmen der sozialwissenschaftlichen Berufs- und Arbeitsmarktforschung (Mills und Tancred, 1992: 4 f.). Im Mittelpunkt des Forschungsinteresses standen dabei weniger Organisationen, um Benachteiligungen von Frauen erklären zu können, sondern gesamtgesellschaftliche Strukturbedingungen (z.B. die tradierte geschlechtliche Arbeitsteilung) und geschlechtsspezifische Sozialisationserfahrungen, verbunden mit tradierten Werten, Normen und Ideologien zum Verhältnis der Geschlechter[36] (vgl. 2.1 und 2.3). Eine geschlechtsbezogene Analyse von Organisationen fragt hingegen, durch welche dynamischen Prozesse innerhalb von Organisationen hierarchische Strukturen sozialer Ungleichheit entlang der Geschlechtergrenze entstehen, und wie Organisationen als Ganzes dazu beitragen, daß sich hierarchische Geschlechterverhältnisse entwickeln konnten und i.d.R. erhalten werden.

Ein wichtiges Merkmal geschlechtsbezogener Organisationsforschung ist die Überzeugung, daß die Forschungsanstrengungen stets auf gesamtgesellschaftliche (Geschlechter-) Strukturen und Prozesse bezogen sein sollten, um z.B. die künstliche Trennung zwischen „Privat" und „Öffentlichkeit" (geschlechtliche Arbeitsteilung) nicht in der Analyse erneut zu reproduzieren. D.h., der Fokus wird häufig auf die Beziehung zwischen Organisation und gesellschaftlicher Umwelt gerichtet, ohne individuelle bzw. subjektive Dimensionen zu vernachlässigen (Callás und Smircich, 1996: 233).

Den Beginn einer kritischen Auseinandersetzung mit existierenden Organisationstheorien von einem feministischen Standpunkt aus markiert der 1974 veröffentlichte Aufsatz von Acker und van Houten (1992, Original von 1974), der bereits im vorangegangenen Abschnitt zitiert wurde. Diese Kritik wurde vom „mainstream" der „scientific community" kaum zur Kenntnis genommen und erst zehn Jahre später erschien ein weiterer, einflußreicher Artikel von Hearn und Parkin (1992, Original von 1983) mit dem bezeichnenden Titel „Gender and Organizations: A Selective Review and a Critique of a Neglected Area". Die darin zitierten Arbeiten von Kanter (1975, 1977) zur Stellung von Frauen in Organisationen bzw. Unternehmen, ergänzt durch Fergusons (1984) radikale Bürokratiekritik und Pringles (1988, 1989) poststrukturalistischen Ansatz zur Analyse von Machtbeziehungen, Kontrolle und Sexualität in Organisationen dokumentieren unterschiedliche geschlechtsbezogene Zugänge zur Analyse von Organisationen. Sie sollen deshalb an dieser Stelle dargestellt und kritisch gewürdigt werden.

Rosabeth Moss Kanter (1977) beschreibt in ihrem Buch „Men and Women of the corporation", welche strukturellen Bedingungen in Organisationen dazu beitragen, daß Frauen im Gegensatz zu Männern erheblich geringere Entwick-

---

[36]Im Rahmen dieser Forschungsarbeiten wurden z.B. Fragen zur historisch gewachsenen geschlechtlichen Arbeitsteilung und zur Bedeutung von Geschlecht in Professionalisierungsprozessen erörtert. Der Begriff „Arbeit" als historische und geschlechtsspezifische Kategorie wurde kritisch durchleuchtet (Die „Hausarbeitsdebatte" und die These von der „doppelten Vergesellschaftung von Frauen") und die Frage nach dem Nutzen der Benachteiligungen von Frauen auf dem Arbeitsmarkt und in sog. „Frauenberufen" für eine kapitalistisch verfaßte Ökonomie wurde erörtert (Mills und Tancred, 1992: 4 f.).

lungsmöglichkeiten haben. Sie betont, daß die quantitative Dominanz von Männern in prestigeträchtigen Positionen auf der einen Seite, und die quantitative Dominanz von Frauen in Positionen am unteren Ende der betrieblichen Hierarchie auf der anderen Seite eine Machtdifferenz dokumentieren, die auf individueller Ebene signalisiert, daß Frauen allein aufgrund ihrer Zugehörigkeit zur Kategorie Weiblichkeit weniger Wert sind als Männer bzw. weniger Geltung beanspruchen können als Männer. Hinzu kommt, daß nach den Beobachtungen von Kanter (1977) Frauen im Management i.d.R. über weniger Entscheidungsbefugnisse verfügen als Männer in vergleichbaren Positionen der Organisationshierarchie (vgl. auch 4.1). Für Kanters Erklärung dieser Unterschiede ist die Annahme zentral, daß es sich dabei in erster Linie um eine Machtdifferenz und nicht um eine Geschlechtsdifferenz handelt. Sie betont,

> „that the fate of women is inextricably bound up with organizational structure and processes in the same way that men´s life-at-work is shaped by them. Differences based on sex retreat into the background as the people-creating, behaviour-shaping properties of organizational locations become clear." (Kanter, 1977: 9)

Demnach gibt es keine unabänderlichen geschlechtstypischen Verhaltensweisen und Orientierungen in Organisationen, die die Tatsache einer Geschlechterhierarchie erklären könnten, sondern nur unterschiedliche Verteilungen von Machtpotentialen, die tendenziell unabhängig vom Geschlecht des Positionsinhabers bzw. -inhaberin sind. Kanter nimmt daher voller Optimismus an, daß Frauen ebenso wie Männer höchste Positionen in der Hierarchie von Organisationen ausfüllen können, denn „power wipes out sex" (Witz und Savage, 1992:15). D.h. wenn Frauen sich machtvolle Positionen in der Hierarchie erkämpft haben, ist es unerheblich, welchem Geschlecht sie zugeordnet werden. Organisationen betrachtet sie demnach als geschlechtsneutrale soziale Systeme, in denen Machtkämpfe eine Rolle spielen, diese aber unabhängig vom Geschlecht ausgetragen werden. Kanter weist allerdings auf verschiedenste Strategien von Männern in Organisationen hin, die systematisch verhindern, daß Frauen höchste Positionen in betrieblichen Hierarchien erlangen können (und widerspricht sich dadurch z.T. selbst). Männerbündische Strukturen im Management, eine entsprechende „männliche Ethik" (Kanter, 1975) der Rationalität und das typische Beziehungsmuster zwischen Sekretärin und Manager[37] als ein prominentes Beispiel für ein asymmetrisches Geschlechterverhältnis in Organisationen sind dabei von besonderer Bedeutung (vgl. 4.5). Die Präferenz für Männer im Ma-

---

[37] Ich übersetze die von Kanter genutzten englischen Begriffe „secretary" und „boss" mit „Sekretärin" und „Manager", wobei dieser Manager als Führungskraft mit Personalverantwortung und weitreichenden Entscheidungskompetenzen (z.B. Geschäftsführer, Prokurist) ausgestattet ist. Es geht also bei Kanter eher um die Analyse der Ebene des Top-Managements und weniger um mittlere Managementpositionen, wenngleich viele der von ihr beschriebenen Wirkungsmechanismen zwischen Sekretärin und Manager auch auf diese Bereiche übertragbar sein dürften.

nagement führt Kanter auf die Anforderungen und Erwartungen an effektive und unmißverständliche Kommunikation in der Managerrolle zurück. Eine gemeinsame Sprache in diesem Sinne ist demnach Männern vorbehalten:

> „One way to ensure acceptance and ease of communication was to limit managerial jobs to those who were socially homogeneous. Social certainty, at least, could compensate for the other sources of uncertainty in the tasks of management. It was easier to talk to those of one´s kind who had shared experiences - more certain, more accurate, more predictable." (Kanter, 1977: 58)

Diese gemeinsame Sprache gründet auf Vorstellungen von Rationalität und Vernunft, die eng mit traditionellen Männlichkeitsvorstellungen verbunden sind:

> „A „masculine ethic" of rationality and reason can be identified in the early image of managers. This „masculine ethic" elevates the traits assumed to belong to men with educational advantages to necessities for effective organizations: a tough-minded approach to problems; analytic abilities to abstract and plan; a capacity to set aside personal, emotional considerations in the interests of task accomplishment; a cognitive superiority in problem solving and decision making." (Kanter, 1975: 43)

Männlichkeit und „männliche Prinzipien" sind in dieser Sichtweise eine wesentliche Resource, um Macht und Einfluß in Organisationen zu erlangen und zu erhalten. Männerbündische Strukturen in Organisationen tragen dazu bei, daß sich dieser Zusammenhang immer wieder reproduziert (vgl. 4.2, 4.3, 4.4 und v.a. 4.5). Frauen wird der Zugang zu Macht und Sozialprestige in Organisationen erschwert, weil sie allein aufgrund ihres Geschlecht von dieser Quelle der Macht nicht profitieren können. Am Beispiel der Beziehung zwischen Sekretärin und Manager illustriert Kanter, auf welche Weise Frauen in Organisationen integriert werden und wie diese Integration durch Hierarchien entlang der Geschlechtergrenze determiniert wird. Männliche Dominanz und weibliche Unterordnung wird an dieser Beziehung exemplarisch sichtbar und das Verhältnis ähnelt nicht selten einer feudalen Abhängigkeitsbeziehung zwischen Herrscher und Gefolgschaft. Für Kanter zeigen sich hier Relikte patrimonialer Verhältnisse, denn die Sekretärin definiert ihren persönlichen Status in der Organisation i.d.R. aufgrund ihrer Beziehung zum Vorgesetzten, sie erfüllt häufig Aufgaben, die weit über funktionale Erfordernisse der Sekretärinnenrolle hinausgehen (z.B. private Verpflichtungen übernehmen), und nicht selten müssen Sekretärinnen Funktionen übernehmen, die den traditionellen Aufgaben einer Ehefrau/Partnerin entsprechen.[38]

---

[38]Die Sekretärin spielt als instrumenteller und emotionaler Rückhalt im Kampf um Macht und Einfluß und ggf. als Ersatzpartnerin für Liebesdienste aller Art eine für männliche Manager unentbehrliche Rolle. Dies zeigt sich u.a. an täglichen Ritualisierungen des Umgangs mit Geschäftspartnern, Kollegen usw., denn die Sekretärin ist häufig eine Art „Puffer" oder „Filter" zur Außenwelt. Sie kontrolliert z.B. den Zugang zum Vorgesetzten, spricht Termine

„When bosses make demands at their own discretion and arbitrarily; choose secretaries on grounds that enhance their own personal status rather than meeting organizational efficiency tests; expect personal service with limits negotiated privately; exact loyalty; and make the secretary a part of their private retinue, moving when they move - then the relationship has elements of patrimony." (Kanter, 1977: 73)

Kanter geht davon aus, daß im Zuge der von Weber (1972) beschriebenen Modernisierungs- und Rationalisierungsprozesse solche patrimonialen Elemente des Lebens in Organisationen in den Hintergrund gedrängt werden, so daß geschlechtliche Ungleichheiten, wie sie hier exemplarisch besonders drastisch sichtbar werden, tendenziell bedeutungslos werden. Diese optimistische Sicht steht in krassem Gegensatz zu Fergusons (1984) radikaler Bürokratiekritik.

Kathy Ferguson, die sich in ihrer Analyse stärker auf Foucault (1979) als auf Weber (1972) bezieht, beschreibt die historische Entwicklung bürokratischer Organisationen als männlich dominierter Sphäre und führt dies auf die Tatsache zurück, daß Männer gegenüber Frauen generell eine dominante Position im öffentlichen Leben der modernen bürgerlichen Gesellschaft einnehmen.

„It has been women's historical exclusion from the public realm which means that they have developed a different voice and one which constitutes a submerged discourse. When women do enter the public realm, they find themselves marginal to bureaucracies and cought between the instrumentality of male-dominated modes of public action and the expressive values of female-dominated modes of action in the private realm. Women's experiences constitute the submerged voice within the overall discourse of bureaucratic capitalism but a feminist discourse promises an alternative to the discursive and institutional practices of bureaucracy." (Witz und Savage, 1992: 18 f.)

Bürokratische Organisationen sind für Ferguson (1984) Verkörperungen männlicher Dominanz, getragen durch Rationalität, Regeln und Prozesse, die von einem abstrakten männlichen Diskurs beherrscht werden, der alle Personen, die diesen Diskurs nicht nachvollziehen und mitgestalten können und sollen, marginalisiert und unterdrückt. Ferguson geht deshalb im Gegensatz zu Kanter (1977) nicht davon aus, daß die Integration von Frauen in bürokratische Organisationen, die in fundamentaler Weise durch männliche Hegemonie charakterisiert sind, erfolgversprechend ist, denn die Integration von Frauen in diese bürokratischen Strukturen und Prozesse würde nichts an der historisch gewachsenen Machtverteilung entlang der Geschlechtergrenze ändern. Sie behauptet, daß sich der von Männern beherrschte bürokratische Diskurs und die darauf basierenden Strukturen, Prozesse, Handlungs- und Interaktionsmuster in Organisationen nicht mit weiblichen Haltungen, Überzeugungen und moralischen Wert-

---

ab, und sorgt so für eine möglichst reibungslose Interaktion zwischen Manager, Organisation und Außenwelt, was letztlich der emotionalen und materiellen Versorgung „ihres Chefs" dient.

maßstäben von Frauen harmonisieren lassen. Sie plädiert deshalb im Interesse von Frauen kurzfristig für separatistische Lösungen (Aufbau von Frauenorganisationen, -betrieben etc.) und langfristig für den Verzicht auf männerzentrierte Formen bürokratischer Organisationen.

Problematisch an Fergusons Bürokratiekritik ist ihre Annahme, daß es geschlechtsbezogene Formen sozialen Handelns in Organisationen und anderswo gibt. Sie begründet diese Annahme u.a. mit der traditionell sorgenden Rolle von Frauen im privaten Bereich und leitet daraus ein spezifisch weibliches Potential zur Gestaltung des Zusammenlebens- und arbeitens ab, daß Männern nicht zur Verfügung steht. Neben der Gefahr einer romantisierenden und verkürzten Sicht auf private Lebenslagen von Frauen ist diese Annahme im Lichte neuerer Erkenntnisse der Geschlechterforschung revisionsbedürftig (vgl. 2.3 und 2.4). Die in feministischen Ansätzen weit verbreitete Annahme, daß Frauen aufgrund ihrer spezifischen Sozialisationserfahrungen und den daraus resultierenden besonderen sozialen Kompetenzen generell besser als Männer in der Lage sind, demokratische, mitbestimmungsorientierte und nicht-hierarchische Organisationen zu entwickeln, wird inzwischen selbst von Frauenforscherinnen bezweifelt bzw. relativiert (z.B. Brown, 1992; Eine ausführliche Diskussion dazu bei Witz und Savage, 1992: 20-26). Fruchtbarer scheint ein Ansatz zu sein, der den relationalen Charakter des alltäglichen weiblichen und männlichen Verhaltens in Organisationen (und anderswo) in den Mittelpunkt der Analyse rückt. Der Analyse und Kritik von Männern und Männlichkeiten im System der Zweigeschlechtlichkeit (vgl. 2) kommt dabei eine Schlüsselstellung zu, denn

> „A vital element of a radical strategy becomes forcing men to see how their entry into the conceptual, authoritative, organizing mode is a *privileged* activity which they engage in at the expense of, but only because of, women. The whole concept of 'dependency' within the context of gender relations acquires an interesting new twist, for it is men who are dependent upon the concretizing activities of women in order to sustain their involvement in the everyday world of, for example, bureaucratic administration. But men can no longer go on simply organizing the world; they have to take responsibility for tidying it up too." (Witz und Savage, 1992: 25 f.)

Einen vielversprechenden Ansatz in dieser Richtung bildet die Forschungsarbeit von Rosemary Pringle, die in ihrem Buch *Secretaries Talk* (1988) ähnlich wie Kanter (1977) die Beziehung zwischen Sekretärin und Manager in Organisationen untersucht und zu völlig anderen Erkenntnissen und Einschätzungen als Kanter kommt. Für Pringle ist die Beziehung zwischen Sekretärin und Manager kein archaisches und irrationales Relikt aus patrimonial-feudaler Vorzeit, sondern ein paradigmatisches Beispiel für alle sozialen Beziehungen zwischen den Geschlechtern in modernen bürokratischen Organisationen. Macht und Kontrolle von Menschen über Menschen (i.d.R. eher von Männern über Frauen als umgekehrt) in bürokratischen Organisationen sind in ihrer Deutung stets auf die Konstruktion von Sexualität bezogen, d.h. die Art und Weise, wie Sexualität(en) durch Frauen und Männer in Organisationen verkörpert wird, hat Einfluß auf die Produktion und Reproduktion hierarchischer Verhältnisse zwischen den Geschlechtern. Pringle zeigt auf, daß in Webers „geschlechtsneutralem" Konzept der Rationalität die Kategorien Geschlecht, Sexualität und Emotionen eine bislang unbeachtete Rolle spielt:

> „It can be argued that while the rational-legal or bureaucratic form presents itself as gender-neutral, it actually constitutes a new kind of patriarchal structure. The apparent neutrality of rules and goals disguises the class and gender interests served by them. Weber's account of 'rationality' can be interpreted as a commentary on the construction of a particular kind of masculinity based on the exclusion of the personal, the sexual and the feminine from any definition of 'rationality'." (Pringle, 1988: 88)

Die privilegierte, an (männlichen) Rationalitätsvorstellungen orientierte hegemoniale Form von Männlichkeit in Organisationen bietet sogesehen Männern im Management, aber auch auf anderen Ebenen der Organisation, eine scheinbar sichere und komfortable Grundlage zur Begründung ihrer (Geschlechts-) Identität bzw. Subjektivität, die sich insbesondere auf die Abhängigkeit der Frauen von männlicher Definitionsmacht gründet und nicht zuletzt auf einem Verständnis von männlicher Sexualität beruht, welches Nähe und Intimität systematisch zu verhindern sucht (Kerfoot und Knights, 1993). Dies führt zu einer veränderten Erklärung der Beziehung zwischen Sekretärin und Manager in Organisationen, die im Gegensatz zu Kanter (1977) steht:

> „If we see that a series of discourses on sexuality underpin bureaucratic control, then we can also re-read the boss-secretary relation not as a patrimonial authority relation inhabited by gendered organizational participants (as Kanter would have it), but as a mode of bureaucratic control which is crucially underpinned by a sexualized and familial discourse within which men and women are positioned as subjects and objects." (Witz und Savage, 1992: 27)

Manager erwarten sogesehen von ihren Sekretärinnen in erster Linie eine (ver-) sorgende Haltung, die sich neben der technisch-organisatorischen Zuarbeit v.a. auf die emotionale Unterstützung des Vorgesetzten konzentrieren soll. Diese zugeschriebene und erwartete (Rollen-) Kompetenz bedeutet für Frauen als Sekretärinnen (in ähnlicher Weise gilt dies auch für Frauen als Managerinnen in der Männerdomäne Management; vgl. 4.1) nicht nur, daß sie sich der vermeintlichen männlichen Rationalität und Definitionsmacht unterzuordnen haben, es kann auch dazu führen, daß sich Manager in eine emotionale Abhängigkeit zu ihren Sekretärinnen begeben. Dadurch verfügen Sekretärinnen ebenfalls über ein nicht zu unterschätzendes Machtpotential aufgrund der spezifischen Beziehung zu „Ihren" Managern (vgl. auch Roper, 1994: 181 - 186).

Ein Hintergrund für die unterschiedlichen Sichtweisen bei Kanter und Pringle ist deren unterschiedliches Verständnis von Macht. Kanter folgt in ihrer Definition Weber und bezieht Macht auf die Fähigkeit, den eigenen Willen auch gegen Widerstände durchsetzen zu können und in ihrer Analyse geht es um die unterschiedlichen Zugriffsmöglichkeiten auf Machtpotentiale aufgrund der unterschiedlichen Positionen von Frauen und Männern in der Hierarchie von Organisationen. Sogesehen dominieren nicht Männer als Männer in Organisationen, sondern Männer als Inhaber mächtiger Positionen, welche Frauen bislang nicht erreichen konnten. Pringle hingegen bezieht sich auf Foucaults Verständnis von Macht als diskursiver Beziehung, welche in steter Veränderung, abhängig von komplexen strategischen Situationen, zu neuen Machtverhältnissen führt. Manager verfügen deshalb nicht einfach über Macht und Sekretärinnen sind machtlose „Opfer", sondern hierarchisch untergeordnete Menschen verfügen in vielen Situationen ebenfalls über Machtressourcen und können z.B. Widerstand leisten. Dabei kann insbesondere die heterosexuelle Orientierung der meisten Männer in Organisationen für Frauen eine durchaus positive Wirkungen haben:

> „Pringle's distinctive contribution to the dabate about men and women within bureaucratic workplace organization is to point to the positive side of heterosexuality - that it is also about pleasure and that this is its radical moment for women in organizations as sexual pleasure might be used to disrupt male rationality and to empower women." (Witz und Savage, 1992: 29)[39]

Die Ausführungen dieses Kapitels zeigen in breites und durchaus widersprüchliches Spektrum von geschlechtsbezogenen neuen Sichtweisen zur Bedeutung von Geschlecht bzw. Sexualität in Organisationsanalysen. In den Arbeiten von Pringle (1988, 1989) kündigt sich bereits an, daß der Fokus aktueller Forschung insbesondere auf die Bedeutung von Sexualität und Emotionen in Organisationen gerichtet ist. Eine Entwicklung, die ich im Kapitel 3.5 näher beschreiben und kritisch würdigen werde. Ein von Acker (1991 und 1992) vorgelegter theoretischer Integrationsversuch zur Analyse von „vergeschlechtlichen Organisationen" bemüht sich um eine grundlegende Neuorientierung der Organisationstheorie. Ihre Gedanken sind Gegenstand des nächsten Kapitels.

---

[39]Ganz ähnlich argumentiert auch Cockburn in ihrer Analyse männlicher Widerstände gegen die Gleichberechtigung von Frauen am Arbeitsplatz: „What needs to change is not the sexiness of women but the vulnerability of women. The long agenda for the women's movement in organizations must be to strengthen women's position and confidence in many different ways so that we can re-introduce our bodies, our sexuality and our emotions on our own terms (Cockburn, 1991: 159). Diese Auffassung blieb gleichwohl nicht unwidersprochen. So weist z.B. Adkins (1992) darauf hin, „that both Pringle and Cockburn neglect the ways in which heterosexuality is made compulsory for women and instists that both coercive and non-coercive heterosexual interactions are structured by male dominance and both are clearly exploitative for women." (zitiert nach: Witz und Savage, 1992: 29)

3.3 Ackers Theorie der vergeschlechtlichten Organisation

Joan Acker (1991 und 1992) entwickelte mit ihren theoretischen Überlegungen zur Integration von Geschlecht und Sexualität in organisationssoziologische Analysen einen fundierten Ansatz zur Entmythologisierung der abstrakten, geschlechtsneutralen Arbeitskraft, um Organisationen, die bislang als geschlechtslose Gebilde betrachtet wurden, als „vergeschlechtlichte Prozesse"[40] erkenn- und verstehbar zu machen.

> I examine organizations as gendered processes in which both gender and sexuality have been obscured through a genderneutral, asexual discourse, and suggest some of the ways that gender, the body, and sexuality are part of the processes of control in work organizations (Acker, 1991: 163). (...) To say that an organization, or any other analytic unit, is gendered means that advantage and disadvantage, exploitation and control, action and emotion, meaning and identity, are patterened through and in terms of a distinction between male and female, masculine and feminine. Gender is not an addition to ongoing processes, conceived as gender neutral. Rather, it is an integral part of those processes, which cannot be properly understood without an analyses of gender (Acker, 1991: 167; vgl. auch Connell, 1987, Harding, 1986; Flax, 1990).

Sexualität ist für Acker (1991) ein wichtiger Teil der täglichen Konstruktion der Geschlechter in Geschlechterverhältnissen und bezieht sich auf körperliche Aspekte sozialer Beziehungen, die in konkreten Handlungen (innerhalb und außerhalb von Organisationen) mit Bedeutung versehen werden.[41] Um die wiederkehrenden Muster der vergeschlechtlichten Prozesse und Praktiken in Organisationen zur Reproduktion hierarchischer Verhältnisse entlang der Geschlechtergrenze erklären zu können, sind die Analyse der vergeschlechtlichten Substruktur (3.3.2) und der „Männlichkeit" von Organisationen (3.3.3) von besonderer Bedeutung. Zunächst jedoch muß erläutert werden, was unter vergeschlechtlichten Prozessen und Praktiken in Organisationen zu verstehen ist.

3.3.1 Vergeschlechtliche Prozesse und Praktiken in Organisationen

Ackers Verständnis von Geschlecht als analytischer Kategorie zur Erklärung von Benachteiligungen von Frauen basiert auf der Annahme, daß Geschlecht ein konstitutives Element sozialer Beziehungen und Interaktionen ist, in denen Machtkämpfe stets eine herausragende Rolle spielen (Acker, 1991: 166; vgl.

---

[40]Mangels praktikabler Alternativen nutze ich zur Übersetzung von Ackers Begriff der „gendered processes" in Anlehnung an Rastetter (1994) den Begriff der „vergeschlechtlichten Prozesse".

[41]Damit grenzt sich Acker von älteren feministischen Theorien ab, die eine strikte Unterscheidung zwischen Gender und Sex vornahmen (vgl. 2.4 und 2.5).

auch Scott, 1986: 167). Dabei sieht sie enge Verbindungen zwischen Ge-
schlechter- und Klassenlagen in der modernen Gesellschaft:

> „The structure of the labor market, relations in the workplace, the control of the work
> process, and the underlying wage relation are always affected by symbols of gender,
> processes of gender identity, and material inequalities between women and men. These
> processes are complexly related to, and powerfully support, the reproduction of class
> structure." (Acker, 1991: 166 f.)

Ackers Konzept basiert auf der Analyse von fünf miteinander verbundenen Prozessen, die sie analytisch unterscheidet, aber als Aspekte einer gemeinsamen
Wirklichkeit in „vergeschlechtlichten Organisationen" verstanden wissen
möchte (Acker, 1991: 167; Acker 1992: 252 ff.; vgl. auch Rastetter, 1994: 83
ff.).

1. Trennungen entlang der Geschlechtergrenze in Organisationen.

Dazu zählen die geschlechtsabhängigen Arbeitsteilungen, geschlechtstypisch
erlaubte und nicht erlaubte Verhaltensweisen, räumliche Trennungen nach
Frauen und Männern und die unterschiedliche Verteilung von Macht je nach
Geschlecht in Organisationen. Das konkrete Ausmaß dieser Trennungen entlang
der Geschlechtergrenze variiert stark, ein durchgängiges Muster zeigt sich allerdings aufgrund der permanenten Reproduktion männlicher Vorherrschaft in
höheren Führungspositionen von Organisationen. Managemententscheidungen
tragen häufig dazu bei, daß diese Trennungen erhalten bleiben, selbst wenn z.B.
technologische Innovationen ein verändertes Geschlechterarrangement ermöglichen könnten. So konnte z.B. Cockburn (1983; 1991) nachweisen, wie bei Einführung neuer Technologien bisherige Arbeitsprozesse stark verändert wurden,
aber trotzdem die Kontrollmacht von Männern über diese neuen Technologien
erhalten blieb und die Trennung zwischen männlichen Facharbeitern und weiblichen Zuarbeiterinnen reproduziert wurde. Auch Collinson et al. (1990) beleg-
ten durch ihre empirischen Untersuchungen zu Personalbeschaffungs- und Be-
förderungsmaßnahmen in Unternehmen des britischen Finanzdienstleistungsbereichs, wie die tradierte geschlechtliche Arbeitsteilung begründet und aufrechterhalten wird.

> „Gender structuring persists through wage setting practices and job evaluation sche-
> mes with embedded gender assumptions, resulting in the undervaluing of the interper-
> sonal dimensions of work, such as nurting, listening, empathizing. „Caring work" is
> „women's work" and caring work pays less." (Calás und Smircich, 1996: 234; vgl.
> auch Acker, 1991, 1992)

2. Die obigen Trennungen werden durch Symbole und Bilder repräsentiert und verstärkt.

Dabei spielen verbale und non-verbale Äußerungen (Sprache, Körpersprache), Kleidung, Ideologien (die Geschlechtertrennungen begründen und legitimieren sollen; vgl. 2.1 und 2.2), Medien und die „Botschaften" der Populär- und Hochkultur eine herausragende Rolle, denn sie transportieren Symbole und Bilder, die die Geschlechtertrennungen reproduzieren bzw. ungleiche Entwicklungschancen von Frauen und Männern legitimieren sollen. Diese Symbole und Bilder werden in und durch Organisationen produziert, was besonders deutlich durch die Bilderflut aus Fernsehen, Filmen, Printmedien und der Werbung erkennbar wird. Die häufig sexualisierten Darstellungen der Geschlechter haben starken Einfluß auf den vergeschlechtlichten Charakter von Strukturen und Prozessen in Organisationen (Acker, 1991; Mills und Tancred, 1992). Zur Illustration dieses Zusammenhangs kann das vorherrschende Bild des Top-Managers genannt werden, das dem Bild erfolgreicher, tatkräftiger und rational planender Männlichkeit entspricht (Kanter, 1977; Calas und Smircich, 1989), welches in ähnlicher Weise geschlechtlich aufgeladen ist, wie das Selbstbild des Facharbeiters, dessen Männlichkeit eng mit technischen Kompetenzen verknüpft ist (Cockburn, 1983). Organisationen selbst werden heute häufig mit Metaphern charakterisiert, die eng mit tradierten bzw. hegemonialen Vorstellungen von Männlichkeit übereinstimmen:

> „Today, organizations are lean, mean, aggressive, goal oriented, efficient, and competitive but rarely empathetic, supportive, kind, and caring. Organizational participants actively create these images in their efforts to construct organizational cultures that contribute to competitive success." (Acker, 1992: 253)

Diese symbolischen Handlungen, Prozesse und Formen der vergeschlechtlichten (Selbst-) Darstellung von Subjektivität werden, eingebettet in mehr oder weniger stark entwickelte Organisations- bzw. Unternehmenskulturen (vgl. z.B. Dülfer, 1991), auf vergeschlechtlichte Tätigkeiten bezogen und konstituieren eine Möglichkeitsstruktur („opportunity structure"), durch die Organisationsmitglieder als vergeschlechtlichte Akteure bestimmten Tätigkeiten und Berufen zugeordnet werden (vgl. 4.2, 4.3 und 4.4).[42]

3. Interaktionen zwischen den Geschlechtern produzieren vergeschlechtlichte soziale Strukturen in Organisationen (und anderswo).

Dies bezieht sich sowohl auf Interaktionen zwischen Frauen und Männern, als auch zwischen Frauen untereinander und Männern untereinander. Dominanz

---

[42]Empirische Belege zu diesem Zusammenhang z.B. bei Collinson und Knights (1986), die Segregationsprozesse im Versicherungsbereich beschrieben und analysiert haben, und bei Morley (1994), die die Situation von Frauen an britischen Universitäten untersucht hat.

und Machtlosigkeit sind dabei stets zwei Seiten einer Medaille in der Interaktionsdynamik, die auf verschiedenen Ebenen der Hierarchie Geschlechtertrennungen befördert (Acker, 1991; Cockburn, 1991). Erkenntnisse zu geschlechtsspezifischem Kommunikationsverhalten[43] belegen, wie Männer und Frauen die Ungleichheit im Geschlechterverhältnis in alltäglichen Interaktionen reproduzieren (West und Zimmermann, 1987; Friedel-Howe, 1990; Trömmel-Plötz, 1990; Tannen, 1991, 1995; Collinson, 1988). Deutlich wird, daß unterschiedliche Verhaltenserwartungen an Frauen und Männer in Organisationen gerichtet werden, wie z.B. Hochschild (1990) durch ihre empirischen Arbeiten nachweist. Aufgrund ihrer Beobachtungen von Flugbegleitern und Flugbegleiterinnen zeigt sie, daß von Männern eher handelnde Aktivität und von Frauen eher emotionale Unterstützung erwartet werden, was wiederum auf die tradierten Vorstellungen zur geschlechtlichen Arbeitsteilung v.a. in der privaten Sphäre zurückgeführt wird und die Wahlmöglichkeiten für angemessene Verhaltensweisen von Frauen und Männern in Organisationen stark einschränkt.

> „Organization itself is shown to be a gendered communication act. Through organizational conversations and interpersonal interactions, an individual's choices are limited and personal attributes are created and maintained (e.g. 'too emotional', 'too sensitive', 'not sufficiently context independent for making the tough decisions') which can block human fulfilment." (Calás und Smircich, 1996: 234)

4. Die Verinnerlichung der vergeschlechtlichten Struktur der Organisation und des geschlechtsgerechten Verhaltens in der Organisation.

Jedes Organisationsmitglied wird durch Erwartungen der Organisation an geschlechtsgerechtes Verhalten, z.B. aufgrund der vorherrschenden geschlechtlichen Arbeitsteilung, gezwungen, die dem Geschlecht angemessene Arbeitstätigkeit, Sprache, Kleidung und Selbstrepräsentation zu wählen, um sich nicht der Gefahr ausgrenzender Stigmatisierung auszusetzen. In vielen Organisationen ist die z.B. die Verleugnung homosexueller Neigungen eine erzwungene Notwendigkeit für schwule und lesbische Menschen, denn die öffentliche Darstellung und Verkörperung homosexueller Lebens- und Verhaltensweisen in

---

[43]Geschlechtsbezogenes Kommunikationsverhalten zeigt sich z.B. in Gesprächen, wo Männer i.d.R. häufiger als Frauen Gesprächsthemen vorgeben bzw. durch ihre Interventionen und Unterbrechungen die Richtung des Gesprächsverlaufs bestimmen. Auch die Bereitschaft, anderen Menschen, v.a. Frauen, aktiv zuzuhören und sich z.B. im eigenen Gesprächsbeitrag auf Frauen zu beziehen, scheint bei Männern schwächer ausgebildet zu sein als bei Frauen. Eine männliche Vorliebe für Witze, z.T. mit Frauen herabsetzendem, sexistischem Charakter, um in bestimmten Situationen „das Eis zu brechen", ist ebenfalls ein Beispiel für geschlechtsbezogenes Interaktionsgeschehen, welches soziale Strukturen unterstützt, die Frauen benachteiligen (vgl. z.B. West und Zimmermann, 1987; Friedel-Howe, 1990; Trömmel-Plötz, 1990; Tannen, 1991, 1995; Collinson, 1988).

Organisationen ist häufig mit deutlichen Nachteilen verbunden (Pringle, 1989; Hearn et al., 1989; Hearn und Parkin, 1987).

Besonders deutlich wird die Problematik geschlechtsgerechten Verhaltens in Organisationen am Beispiel von Frauen im Management (vgl. 4.1), die in ihrer Selbstpräsentation (v.a. innere Haltungen/Einstellungen und optisches Erscheinungsbild) häufig „männliche" Züge annehmen müssen, um erfolgreich mit Männern im Management konkurrieren zu können, und gleichzeitig Frau bzw. weiblich bleiben sollen bzw. wollen (Sheppard, 1989; vgl. auch Rastetter, 1994: 255 ff. und Abschnitte 4.1 und 4.5 dieser Arbeit). Bezogen auf Männlichkeit(en) in Organisationen bzw. im Management ergeben sich in dieser Hinsicht, wie später noch gezeigt wird (vgl. 4.2, 4.3 und 4.4), ebenfalls eine Vielzahl von Problemen. Gleichwohl bietet Männlichkeit im Gegensatz zu Weiblichkeit offensichtlich eine stabilere Grundlage zur Begründung von männlicher Dominanz in Organisationen.

> „Individual men and particular groups of men do not always win in these processes, but masculinity always seems to symbolize self-respect for men at the bottom and power for men at the top, while confirming for both their gender's superiority." (Acker, 1990: 145)

5. Grundannahmen, Praktiken und soziale Strukturen und Prozesse, die Arbeitsorganisationen zugrundeliegen, basieren auf geschlechtsbezogenen Vorstellungen, Wertungen und Haltungen.

Die Bewertung betrieblicher Arbeitsprozesse und -ergebnisse wird häufig davon abhängig gemacht, ob es sich um einen typischen Männer- oder einen typischen Frauenarbeitsplatz handelt. Fähigkeiten, die eher an typischen Männerarbeitsplätzen verlangt werden (z.B. technische Kompetenz; Umgang mit Geld), werden höher bewertet als in Frauendomänen erwartete Fähigkeiten (z.B. soziale und kommunikative Kompetenz; Umgang mit Menschen). Die Vorstellung einer abstrakten und entleiblichten Arbeitskraft, die unabhängig von Geschlecht und Sexualität gemäß den Anforderungen funktioniert, die der Arbeitsplatz an sie stellt, wird vor diesem Hintergrund als Mythos entlarvt,

> „in dem die Trennung von Arbeit und Sexualität symbolisiert ist und die geschlechtsspezifischen Differenzen verschleiert werden, die zur Besonderung und Minderbewertung weiblicher Tätigkeiten führen." (Rastetter, 1994: 84)

> „The abstract, bodiless worker, who occupies the abstract, gender-neutral job has no sexuality, no emotions, and does not procreate. The absence of sexuality, emotionality, and procreation in organizational logic and organizational theory is an additional element that both obscures and helps to reproduce the underlying gender relations." (Acker, 1991: 172)

Geschlecht, Sexualität und Körper bilden Ressourcen der Organisation, die z.T. einer strikten Kontrolle von Seiten des Managements unterliegen. Die Reglementierungen des Arbeitsalltags führen insbesondere bei Organisationsmitgliedern am unteren Ende der Hierarchie[44], also v.a. bei Frauen, dazu, daß diese ihre körperlichen Bedürfnisse den (von Männern formulierten) Anforderungen eines reibungslosen, rationellen Produktionsprozesses unterzuordnen haben.

> „Reproduction and sexuality may disrupt ongoing work and seriously undermine the orderly and rational pursuit of organizational goals. Women's bodies, sexuality, and procreative abilities are used as grounds for exclusion or objectification. On the other hand, men's sexuality dominates most workplaces and reinforces their organizational power (Collinson and Collinson, 1989). In addition, talk about sex and male sexual superiority helps construct solidarity and cooperation from the bottom to the top of many organizations, thus promoting organizational stability and control." (Acker, 1992: 254)

3.3.2 Die vergeschlechtlichte Substruktur von Organisationen

Die im vorigen Kapitel beschriebenen Prozesse basieren auf einer vergeschlechtlichten Substruktur von Organisationen, die neben den räumlichen und zeitlichen Aspekten des Arbeitsalltags auch in den z.T. ungeschriebenen Regeln des arbeitsgerechten Verhaltens und in der wechselseitigen Beziehung zwischen Handlungen innerhalb und außerhalb der Organisation begründet liegen (Acker, 1992: 255 ff.). Zentral ist die verbreitete Annahme und Erwartung, daß die Erwerbsarbeit wesentlicher Lebensinhalt ist und bleibt, und das Leben in (Erwerbsarbeits-) Organisationen weitestgehend unabhängig von privaten Verpflichtungen stattfindet. Dies können allerdings in der Praxis meistens nur die Männer realisieren, die durch ihre (Ehe-) Frauen von unbezahlten Aufgaben in Haushalt und Familie entlastet werden. Berufstätige Frauen hingegen können dieses Privileg i.d.R. nicht genießen und haben häufig größte Schwierigkeiten, die obigen Erwartungen an eine möglichst ungebundene, und kontinuierlich hochproduktive Arbeitskraft zu erfüllen, weil ihnen niemand „den Rücken freihält". Dieser Zusammenhang ist für Organisationen eine unverzichtbare Grundlage des Handelns:

> „Organizations depend upon this division, for, in a free market economy, in contrast to a slave exonomy, they could not exist without some outside organization or reproduction to take care of supplying workers. In this sense, the gender substructure of organization is linked to the family and reproduction. This relationship is not simply a

---

[44] Auf der anderen Seite werden Organisationsmitglieder am oberen Ende der Hierarchie, v.a. Männer, in ihrer priviligierten Position u.a. durch geringere Kontrolle der räumlichen, zeitlichen und körperlichen Aspekte ihres Arbeitsalltags und v.a. durch spezielle Privilegien entlohnt, die sich auf körperliche Bedürfnisse beziehen (separate Räume zum Essen im kleinen Kreis; separate Toiletten usw.)

functional link. It is embedded in and re-created daily in ordinary organizational activities, most of which do not appear on the surface to be gendered." (Acker, 1992: 255)

Es zeigt sich ein deutlicher Widerspruch zwischen diesen geschlechtsbezogenen Zusammenhängen, die für Organisationen von großer Bedeutung sind, und der Beschreibung von Organisationen als geschlechtsneutrale Gebilde in älteren sozialwissenschaftlichen Analysen, verbunden mit der verbreiteten Annahme einer abstrakten, entleiblichten Arbeitskraft. Acker interpretiert diese Lücke zwischen vergeschlechtlichter Organisationswirklichkeit und geschlechtsloser Organisationstheorie als Beleg für die Sicht- und Denkweise derjenigen, die über Kontrollmacht verfügen (also insbesondere männliche Führungskräfte, aber auch Wissenschaftlicher, die in Organisationen forschen, oder Gewerkschaftsvertreter, die in Mitbestimmungsgremien an Entscheidungen mitwirken) in dem sie z.B. Erkenntnisse über die Bedeutung von Geschlecht und Sexualität ignorieren.

„The break between a gendered reality and gender-neutral thought is maintained (...) through the impersonal, objectifying practices of organizing, managing, and controlling large organizations. (...) Gender neutrality, the suppression of knowledge about gender, is embedded in organizational control processes." (Acker, 1992: 256)

Zur Illustration dieser These bezieht sich Acker u.a. auf Evaluationsprogramme zur Bewertung von Tätigkeitsprofilen, bezogen auf bestimmte Arbeitsplätze. Es zeigt sich, daß auch hier die Annahme einer abstrakten, geschlechtsneutralen Arbeitskraft zugrundegelegt wird und subjektive Faktoren, bezogen auf Geschlecht, Sexualität, Körper und Emotionen, keine Bedeutung haben sollen. In der Tat gehen aber alle Evaluationsprogramme faktisch von einer männlichen Arbeitskraft aus, denn es wird grundsätzlich davon ausgegangen, daß nur Männer aufgrund der tradierten geschlechtlichen Arbeitsteilung in der Lage sind, alle Anforderungen der Tätigkeit in einer Organisation zu erfüllen. Frauen sind, so wird implizit angenommen, aufgrund der Doppelbelastung durch Beruf/Arbeit und Haushalt/Familie i.d.R. nicht geeignet, diese Anforderungen in gleicher Weise wie Männer zu erfüllen.

„The exclusion of reproduction is (...) linked to the ideology of the gender-neutral, abstract worker who has no body and no feelings, along with no gender. This abstraction facilitates the idea that the organization and its goals come first before the reproductive needs of individuals and society. (...) The theory and practice of gender neutrality covers up, obscures, the underlying gender structure, allowing practices that perpetuate it to continue even as efforts to reduce gender inequality are also under way (e.g. Cockburn; 1991). The textual tools of management, as they are employed in everyday organizational life, not only help to create and then obscure gender structures that disadvantage women but are also part of complex processes that daily re-create the subordination of reproduction to production and justify the privileging of production over all other human necessities." (Acker, 1992: 257 f.)

Sogesehen basiert die Annahme einer abstrakten, entleiblichten Arbeitskraft auf einer idealisierten Vorstellung von „hegemonialer Männlichkeit" (Connell, 1987; vgl. 2.5) mit männlichem Körper, männlicher Sexualität, kontrollierter Emotionalität und minimaler Verantwortung für Haushalt, Familie und Kinder. Diese männliche Hegemonie zeigt sich in Organisationen u.a. im Gebrauch von Sprache, Technologien und Bildern, deren Symbolik häufig von männlicher Sexualität durchdrungen ist, wie vor allem beim Militär und in anderen Männerdomänen deutlich wird (Hearn und Parkin, 1987; Rastetter, 1994: 85; vgl. auch 4).

Weiblichkeit und die damit assoziierten sozialen, sexuell-körperlichen und emotionalen Attribute hingegen werden Quelle von Benachteiligungen, denn sie entsprechen angeblich weniger gut den Anforderungen, die an die abstrakte Arbeitskraft gestellt werden. Gleichzeitig nutzen Organisationen Frauen und das ihnen zugeschriebene „weibliche Arbeitsvermögen" (soziale und kommunikative Kompetenzen, attraktives und fürsorgliches Auftreten, „Gefühlsarbeit" usw.) zunehmend für bestimmte Positionen, die gleichwohl mit weniger materiellen und ideellen Belohnungen ausgestattet sind, als vergleichbare Arbeitsplätze von Männern (Hochschild, 1990; MacKinnon, 1979; vgl. auch 3.5). Zugespitzt formuliert: „doing organization" ist in jeder Hinsicht unentrinnbar verflochten mit dem täglichen Prozess des „doing gender" (West und Zimmermann, 1987). Männlichkeit in Organisationen kommt dabei als Subjektposition und Ressource zur Sicherung von Macht, Sozialprestige, Einfluß und (männlichem) Selbstwertgefühl eine herausragende Bedeutung zu.

3.3.3 Zur These der „Männlichkeit" von Organisationen

Acker (1991 und 1992) zeigt, daß Organisationsstrukturen und -prozesse in fundamentaler Weise mit Werten, Ideologien und Praktiken verbunden sind, die als „männlich" bezeichnet werden können. Alvesson und Billing (1992b) betrachten Männlichkeit in diesem Zusammenhang nicht als eine Variable, die in bestimmten Fällen zur Erklärung von Prozessen in Organisationen herangezogen werden kann, sondern als inhärente Konstante. Rationalität, Männlichkeit und Management sind sogesehen eng miteinander verflochtene und aufeinander bezogene Kategorien, die zur Erklärung von geschlechtshierarchischen Strukturen in Organisationen herausragende Bedeutung erlangen (Alvesson und Billing, 1992b: 85; Rastetter, 1994: 85 f.). Bisherige Organisationstheorien, die, wie gezeigt werden konnte, weitestgehend „geschlechtsblind" argumentiert haben, zeichnen ein falsches Bild geschlechtsneutraler Organisationen und übersehen, daß die hinter dem Mythos der abstrakten, entleiblichten Arbeitskraft stehenden Vorstellungen verschleiern, wie Strukturen, Prozesse, Praktiken und Akteure in Organisationen stets an hegemoniale Männlichkeitsformen und die entsprechenden Werte, Normierungen und Ideologien gebunden werden (vgl.

4.2, 4.3 und 4.4). Die Männlichkeitsmetapher zur Beschreibung und Analyse von Organisationen weist allerdings einige Beschränkungen auf (Rastetter, 1994:86):

- „Die Männlichkeitsmetapher erlaubt es zu zeigen, inwieweit patriarchale, männlich dominierte oder weiblichkeitsabwertende Elemente in praktischen und theoretischen Ansätzen zu Management und Organisation vorhanden sind. Sie blendet hingegen andere Aspekte aus, wie etwa Klassenwidersprüche oder Produktionsverhältnisse.

- Durch die Männlichkeitsmetapher werden entpolarisierende oder gleichheitsfördernde Prozesse in Organisationen leicht übersehen, die im Sinne zukunftsweisender Verbesserungen für Frauen einen wichtigen Platz einnähmen.

- Da Männlichkeit antagonistisch zu Weiblichkeit konstruiert ist, legt die Festlegung der Organisation als „männlich" zum einen eine bestimmte Weiblichkeitsmetapher nahe, die Geschlechterpolaritäten fortschreibt, zum anderen werden Unterschiede innerhalb der Gegensätze nivelliert.

- „Männlichkeit" als einheitliches Konzept kann nicht verschiedene, dominante (hegemoniale) und weniger dominante Männlichkeiten unterscheiden. (...) „It is probably primarily a (certain form of) upper class form of maleness that can be linked with instrumental rationality, emotional control, self-sufficiency, individualism, competitiveness, and so on. Working class conceptions of masculinity, at least the traditional ones, have rather little in common with the governing principles and forms of domination in modern organizations." (Alvesson und Billing, 1992: 87)

Sowohl Alvesson und Billing (1992) als auch Morgan (1986) beziehen sich in ihren Metaphern der Organisation als „Anti-Familie"[45] (Alvesson und Billing) bzw. „patriarchalischer Familie"[46] (Morgan) auf vertraute Muster der historisch gewachsenen, hierarchischen Geschlechtertrennungen (vgl. 2.1 und 2.2) wenn sie z.B. Trennungen mit den entsprechenden Geschlechterzuweisungen entlang der Grenze öffentlich-privat beschreiben oder auf die besondere Bedeutung des väterlichen Oberhaupts in patriarchalen Familienstrukturen hinweisen, um Strukturen und Prozesse entlang der Geschlechtergrenze in Organisationen erklären zu können (vgl. auch Roper, 1994). Sogesehen könnten z.B. Tugenden wie Tapferkeit, Mut und Heldenhaftigkeit, wie sie den Jungen in vielen Familien und anderen Sozialisationsinstanzen (vgl. 2.3) vermittelt werden, in vorzüglicher Weise von „männlichen" Organisationen instrumentalisiert werden, denn sie können reibungslos in organisationsinterne Prozesse integriert werden, weil z.B. der Vorgesetzte (=Vater) vom Untergebenen (=Sohn) genau diese Tugen-

---

[45]Dieses Bild bezieht sich auf die mangelnde Fürsorglichkeit, Intimität und Nähe von und in vielen Organisationen (Alvesson und Billing, 1992)

[46]Das Modell der „patriarchalischen Familie" basiert auf Formen geschlechtshierarchischer Arbeitsteilung und der Dominanz „männlicher Werte" (z.B. rational, analytisch, instrumentell) gegenüber „weiblichen Werten" (z.B. Intuition, Empathie, Fürsorge).(Morgan, 1986)

den erwartet. Gleichwohl ist die Wirklichkeit in Organisationen selten so eindeutig, wie dieses Bild suggeriert. Im vierten Abschnitt dieser Arbeit wird sich ein vielschichtigeres und widersprüchlicheres Bild zeigen, wenn der Fokus auf die Reproduktion „hegemonialer Männlichkeiten" im Management von Organisationen gerichtet wird. Die dort beschriebenen Konflikte zwischen verschiedenen Männlichkeitsformen im Kampf um die hegemoniale Position im Management sind ein Beleg dafür, daß der von Alvesson und Billing formulierten Kritik an einem einheitlichen Konzept von Männlichkeit zur Charakterisierung von Organisationen zuzustimmen ist.

Die in den Abschnitten 3.2 und 3.3 skizzierten Ansätze geschlechtsbezogener Organisationsforschung, bei denen Geschlecht und Sexualität eine zentrale Rolle spielten, sind bislang kaum mit existierenden Organisationstheorien verbunden worden. Eine Ausnahme für den deutschsprachigen Raum bildet die herausragende Arbeit von Rastetter (1994), die eine Integration dieser Forschungsstränge anstrebt und dabei politische Ansätze der Organisationstheorie, insbesondere Türks Entwurf einer „politischen Ökonomie der Organisation" (1989a und 1993), auf ihr Potential zur Berücksichtigung von Geschlecht und Sexualität untersucht. Im folgenden Abschnitt (3.4) werden Kerngedanken der organisationstheoretischen Überlegungen von Türk dargestellt (3.4.1, 3.4.2 und 3.4.3) und mit Rastetters Ausführungen zur Integration der Kategorien Geschlecht und Sexualität in diesen Erklärungsansatz ergänzt (3.4.4).

3.4 Geschlecht und Sexualität in einer politischen Ökonomie der Organisation

Einen fruchtbaren Ausgangspunkt zur systematischen Verbindung von Geschlecht, Sexualität und Organisation bilden politische Ansätze der Organisationstheorie, denn in ihnen wird der Analyse von Herrschafts- und Unterdrückungsmechanismen in Organisationen ein zentraler Stellenwert eingeräumt.[47]

---

[47]Rastetter (1994: 87 ff.) setzt sich in ihrer Arbeit außerdem mit klassischen organisationstheoretischen Ansätzen, die als entsexualisierte Modelle erkennbar macht, auseinander und klopft diese Theorien auf ihr Potential zur Berücksichtigung von Sexualität und Geschlecht ab (z.B. „Scientific Management" (Taylor, 1913); „Bürokratiemodell" (Weber, 1972); „Human-Relations-Ansatz" (v.a. „Hawthorne Studies", Roethlisberger und Dickson, 1939); „Mülleimermodell" (Cohen, March und Olson, 1972), Studien zu „Macht in Organisationen" (Crozier und Friedberg, 1979), Organisationskultur-Ansatz (z.B. Neuberger und Kompa, 1987; Dülfer, 1991). Sie kommt zu dem Schluß, daß trotz zutreffender Kritik neuerer Theorien an der Rationalitätsannahme klassischer Organisationstheorien das Rationalitätsparadigma weitreichende Konsequenzen für die Konstruktion der Organisation und insbesondere für die Bedeutung von Geschlecht und Sexualität in Organisationen hat, denn durch die Rationalitätsannahme werde Sexualität als Gegenpol zur Rationalität im Organisationskontext verdrängt und/oder verschleiert; Sexualität werde „rationalisiert" (i.S.v. funktionalisiert und ökonomisiert); weibliche Tätigkeiten, Interessen, Körperprozesse usw.

Organisationen gelten in dieser Sichtweise nicht als zweckrational ausgerichtete Strukturen, die durch instrumentell-strategische Handlungen nach dem freien Willen eines Organisationsherren gestaltet werden, sondern Prozesse und Strukturen von und in Organisationen sind in die historische Lebenstotalität der planenden und handelnden Subjekte eingelagert. Eine politische Perspektive lenkt das Augenmerk auf individuelles und koalitionäres strategisches oder auch taktisches Handeln, daß bestimmte intendierte Zwecke, Interessen und Bedürfnisse befriedigen soll und individuell durchaus „rational" rekonstruierbar ist (Türk, 1989a: 121 f.). Organisationen werden als Interaktionszusammenhang von Menschen betrachtet, die sich aufgrund interessengeleiteter Interventionen, Aushandlungen und Konflikte in politischen Prozessen zu den Strukturen und Regeln der Organisation ins Verhältnis setzen. Im Mittelpunkt stehen typische Konflikte im täglichen Kampf um Kontrolle, Macht und Ressourcen in Organisationen. Eine politikorientierte Perspektive kann für die Analyse von Geschlecht und Sexualität in Organisationen folgendes leisten (Rastetter, 1994: 94):

1. „Kontrolle und Unterdrückung werden explizit benannt und damit zum Untersuchungsgegenstand gemacht. In diesem Kontext findet das Moment der Kontrolle der Sexualität sowie spezifischer Über-/Unterordnungsverhältnisse hinsichtlich Sexualität, der Geschlechter und ihrer Bewertung in der Organisation seinen Platz.

2. Kontrolle und Herrschaft können nicht bruchlos durchgesetzt werden, sondern implizieren Widerstand. Für die Sexualität in Organisationen bedeutet das: a) Sexualität wird nicht nur unterdrückt, sondern auch ausgelebt; b) es besteht die Gefahr des Durchbruchs überschüssiger, nicht kontrollierbarer Anteile; c) Frauen sind nicht nur Opfer, sondern auch handlungsfähige Subjekte.

3. Geschlechterbeziehungen am Arbeitsplatz und Männlichkeit-/Weiblichkeitsbilder werden immer wieder durch organisationales Handeln reproduziert.

4. Organisationen sind in die Gesellschaft eingebettet, d.h. gesellschaftliche Geschlechter- bzw. Sexualitätskonstruktionen werden von Organisationen *übernommen* (geschlechtsspezifische Arbeitsteilung, Vergeschlechtlichung der Tätigkeiten), *verstärkt* (durch Organisationspraktiken wie Rekrutierung und Beförderung) oder mit *hergestellt* (z.B. in Schulen und Sporteinrichtungen)."

Die vier von Rastetter anschließend entwickelten Postulate an eine geschlechtssensibilisierte Organisationstheorie beziehen sich auf (1.) die Berücksichtigung *gesellschaftlicher Prozesse* als allgemeinerer Instanz für die Formung von Geschlechterverhältnissen und Sexualität; (2.) die Kategorie der *Herrschaft* sowohl hinsichtlich der Zurichtung der Menschen zu Arbeitskräften als auch hin-

---

könnten als das Andere, weniger Bedeutsame abgewertet werden; und männliche Tätigkeiten und Verhaltensmuster würden in der Organisation als höherwertig, Norm und Ausgangspunkt gelten (Rastetter, 1994: 92 f.; vgl. auch 3.5).

sichtlich geschlechtsspezifischer Zuweisungen; (3.) die Dimension der *menschlichen (symbolischen) Praxis*, die sowohl reproduzierend als auch transformierend wirken kann; und (4.) auf die Kategorie der *Ideologie* als legitimatorische Instanz bestehender Verhältnisse (Rastetter, 1994: 95; kursiv im Original). Um Rastetters Integration der Kategorien Geschlecht und Sexualität in Organisationen unter der Herrschaftsperspektive von Türk nachvollziehen zu können (3.4.4), müssen zunächst die Grundzüge von Türks Entwurf einer „politischen Ökonomie der Organisation" dargestellt werden.

3.4.1 Zum Zusammenhang von Herrschaft und Organisation

Der von Stolz und Türk (1992) und Türk (1993) entwickelte politökonomische Ansatz beschreibt Organisationen als einen modernen Modus von Herrschaft, in dessen historisch gewachsenen Kontext Menschen ihre historisch spezifischen Formen der Kooperation regeln. Im Mittelpunkt steht die Analyse realer und konkreter Interaktions-, Kooperations- und Kommunikationsprozesse als (mehr oder weniger bewußtes) Produkt menschlicher Praxis unter besonderer Berücksichtigung gesellschaftlicher Prozesse, Muster, Strukturen und Institutionen (Türk, 1993: 300). Mit dem Begriff des Politischen wird im Schwerpunkt das Phänomen der Herrschaft thematisiert und damit der Analyse der Strukturierung und Nutzung menschlicher Gemeinschaften sowie den real-materiellen Lebensprozessen, durch die Menschen sich kooperativ verhalten, ein zentraler Stellenwert eingeräumt. Wesentliche Elemente einer „Politischen Ökonomie der Organisation" sind folgende Punkte (Türk, 1993: 301 f.; kursiv im Original):

„Eine politische Ökonomie der Organisation

- faßt Organisation als ein *historisches Phänomen* auf;

- erklärt Organisation aus der *Perspektive der Gesamtgesellschaft* heraus;

- begreift Organisation als ein besonderes *herrschaftliches Muster der Konfiguration gesellschaftlicher Praxis;*

- konzeptionalisiert Organisation nicht als strukturalistisch-abstraktes System, sondern interessiert sich für den *faktischen Konstitutions- und Reproduktionsprozess* derjenigen sozialen Kontexte, die die Alltagsakteure als „Organisation" bezeichnen;

- analysiert Organisation als typische *Form von Herrschaft in der „Moderne"* und nicht als einen politisch neutralen und universalen Modus der effizienten Koordination von Kooperation;

- versteht unter organisationaler Herrschaft innerhalb *unserer* Gesellschaft nicht nur etwas, was den Menschen von außen widerfährt, sondern begreift organisationale Praxis als *Bestandteil unserer Lebensform. "*

Die Fremdaneignung von Arbeitserträgen und die Fremdbestimmung von Arbeits- und Lebensbedingungen begründen eine Form von Herrschaft in der modernen Gesellschaft, die auf einer materiellen Basis (das Kapital im Kapitalismus), auf einer legitimatorischen Ideologie und auf einer diskriminatorischen Kategorisierung (z.B. Angestellte-Arbeiter, Einheimische-Fremde, Männer-Frauen, Kernbelegschaft-Randbelegschaft) basieren. Durch mehr oder minder ausgeprägte Partizipation an der Herrschaft, symbolisiert durch angeeignete ökonomische und politische Erträge werden die „dazugehörenden" Menschen mental und materiell an das Herrschaftssystem gebunden (Türk, 1993: 303). Die obigen drei Grundlagen von Herrschaft verknüpft Türk mit den drei Begriffen „Ordnung", „Gebilde" und „Vergemeinschaftung", die einen systematischen und historisch orientierten Bezugsrahmen zur Analyse von Organisationen bilden.

3.4.2 Organisation als Ordnung, Gebilde und Vergemeinschaftung

Organisation als historisch besondere Verkörperung von Herrschaft, die ältere Herrschaftsformen ablöst und eine eigene Geschichte aufweist gilt es in ihren spezifischen historisch-kulturellen Aspekten und in ihrer Eigengeschichte zu untersuchen. Die Entstehungsbedingungen dieser Herrschaftsform, die sich auf bestimmte Ideologien und Praktiken sozialer (1.) **Ordnung**, bestimmte Konstruktionen sozialer (2.) **Gebilde** und bestimmte Mustern von (3.) **Vergemeinschaftungen** gründet, sollen entschlüsselt werden (Türk, 1993: 303).

(1.) Organisation als Ordnung:

Rationalitäts-, Disziplinierungs- und Normalisierungsdimensionen der Organisation, die in der gesellschaftlichen Entwicklung unserer Kultur eingebettet sind (vgl. z.B. Elias, 1976; Foucault, 1976; Oestreich, 1969), weisen Organisationen als kulturspezifische Phänomene zur Sicherung von Herrschaft aus. Eine Ideologie zweckmäßiger Ordnung (wie sie in Konzepten einer rationellen Arbeitsorganisation zu finden sind), die wiederum eng mit dem rationalistischen Programm der Aufklärung verbunden ist, soll helfen, Hierarchien und Über- und Unterordnungsverhältnisse zu etablieren, um Herrschaftsinteressen zu wahren und durchzusetzen (Türk, 1993: 304 - 307; Marglin, 1977).[48]

(2.) Organisation als Gebilde:

Der zweite konstituierende Bestandteil von Organisation bezieht sich auf die Vorstellung von Organisation als Gebilde, die sich historisch u.a. in der kapitalistischen Unternehmung verkörpert. Damit wird die Notwendigkeit angespro-

---

[48]Paradigmatische Modelle für den Topos der Ordnung sind z.B. das betriebliche Rechnungswesen, der sog. „Geschäftsvorfall" (Fall, Vorgang, Akte usw.) und die hierarchische Stellenstruktur in Organisationen (Türk, 1993: 307).

chen, soziale Orte zu definieren, durch die sich die formal-abstrahierende Ordnung mit einem korrespondierenden Mechanismus institutioneller Abschließung verbinden läßt, um über juristische Eigentumsdefinitionen eine abtrennende Zurechnung von Erträgen zu ermöglichen. Institutionelle Grenzziehungen beziehen sich auch auf externe, aber für das Überleben der Organisation unentbehrliche Leistungen wie z.b. Reproduktionsarbeit, Sozialisation zur Vorbereitung auf Organisationen, sowie auf Folgekosten durch betriebsbedingte Umweltschäden oder gesundheitliche Beeinträchtigungen der Organisationsmitglieder; Kosten, die aufgrund der ideologischen Trennung von Organisation und Umwelt i.d.R. externalisiert werden.[49] In der Monopolisierung von Macht, der Akkumulation von Kapital, der Konzentration von Ressourcen und der Erzeugung von Peripherien zeigt sich die gesamtgesellschaftliche Wirkungsweise von Organisationen als Gebilde (Türk, 1993: 307 - 314).[50]

(3.) Organisation als Vergemeinschaftung:

Eine organisationsförmige Kooperation, wie sie in organisationsbezogenen Konzepten und Begriffen wie „Organisationskultur" (z.B. Neuberger und Kompa, 1987; Dülfer, 1991), „Teamgeist", „Betriebs- und Werkgemeinschaft" oder „Corporate Identity" (z.B. Olins, 1990) propagiert und z.T. popularisiert wird, bildet als Modus personeller Abgrenzung das dritte konstitutive Merkmal von Organisation, daß mit dem Begriff der Vergemeinschaftung bezeichnet wird (Türk, 1993: 314 - 316). Dabei ist entscheidend, daß (mehr oder weniger bewußte) Prozesse sozialer Schließung (insbesondere personelle Ein- und Ausgrenzung) über Gemeinschaftsbildung bzw. Vergemeinschaftung soziale Ungleichheiten produzieren und reproduzieren (vgl. auch Weber, 1972: 260 ff.). Spezifische Formen von Solidarität und Loyalität in Gesamt- oder Subkulturen der Organisation werden ausgebildet, um die kollektive Interessenwahrnehmung gegenüber Nicht-Mitgliedern zu sichern. Einzelpersonen und Gruppen, die sich in dieser Weise nicht gemeinschaftlich verorten und äußern, werden in Organisationen aber auch gesamtgesellschaftlich zumeist marginalisiert oder unterdrückt. Der in diesem Zusammenhang wichtige „Corpsgeist" bündischer Gemeinschaften und Organisationen kann auf typische Eigenschaften von Männern bezogen werden (Türk, 1993: 315; vgl. 4.5). Da in vielen Organisationen

---

[49]Das dies nichts als reine Ideologie ist, wird deutlich, wenn man sich z.B. die verheerenden sozialen und persönlichen Auswirkungen von Arbeitslosigkeit vergegenwärtigt. Der ganze Mensch ist mit all seinen Lebensäußerungen in Organisationen präsent und unser gesamter Lebenszusammenhang wird durch Organisationen verschiedenster Art tangiert (Rastetter, 1994: 99).

[50]Weiter Ausführungen zu diesem Zusammenhang bei Türk (1993: 308 - 314), wo dieser den Gebildecharakter von Organisationen mit Hilfe von Weber (1972), Coleman (1979) und Marx (1962 und 1969) näher erläutert.

solche Prozesse der Vergemeinschaftung tägliche Praxis sind und viele „Seilschaften" (Scheuch und Scheuch, 1992) organisationsübergreifend wirken,

> „kann auch davon gesprochen werden, daß sich eine Organisationsgesellschaft als Netzwerk organisational abgesicherter Bünde und Bündnisse darstellt." (Türk, 1993: 316)

„Geheimgesellschaften", Fußballclubs, studentische „Verbindungen" und zeitgenössische Organisationen in Wirtschaft und Politik, die sich in vielen Fällen durch frauenfeindliche und -unterdrückende Praktiken „auszeichnen", werden von Türk zur Illustration angeführt. Türk führt diese These nicht weiter aus; ich werde den obigen Zusammenhang im Abschnitt 4 dieser Arbeit weiter vertiefen und Prozesse der Machtkonzentration durch und in Organisationen und die damit verbundenen Marginalisierungen von nicht dazugehörigen Menschen, v.a. aber Frauen, am Beispiel des Managements als „Bühne" zur Reproduktion „hegemonialer Männlichkeiten" verdeutlichen.

3.4.3 Das organisierbare Arbeitsvermögen und die Kooperationsdimension der Organisation

Alle Menschen in der modernen Gesellschaft werden genötigt, ein individuelles Arbeitsvermögen aufgrund spezifischer Qualifikationen[51] auszubilden, daß organisational nutzbar gemacht werden kann. Vorstellungen zur „methodische Lebensführung" (Weber, 1972) und die darauf basierende Trennung von Lebensbereichen führten mit der industriellen Entwicklung im 19. Jahrhundert dazu, daß fast alle Tätigkeiten in Organisationen bestimmten Berufen und den damit verbundenen Qualifikationsprofilen und Mentalitäten zugeordnet wurden. Die betroffenen Menschen mußten in diesem Zusammenhang einen tiefgreifenden Anpassungsprozeß leisten, der sich durch folgende Stichworte charakterisieren läßt (Türk, 1993: 317 f.):

- „das Lernen von Triebunterdrückung und Desymbolisierungen, um Erfordernissen von „Sachlichkeit" und Trennung der Lebenssphären zu entsprechen;

- die Entwicklung der Fähigkeit, „Leidenschaften" in „Interessen" (Hirschman, 1980) zu transformieren bzw. zu sublimieren; d.h. die Entstehung des (bürgerlichen) Individuums als rational-strategisch handelndes Subjekt; dies teils als Ideologie, teils als reale Kompetenz;

---

[51]Türk (1993: 316 f.) nutzt den Begriff „Qualifikation" in diesem Zusammenhang im engeren Sinne als sonst üblich. Er geht davon aus, daß das individuelle Arbeitsvermögen der Menschen stets weit über das hinausgeht, was ihnen Organisationen abverlangen. Wenn er von „Qualifikation" spricht, ist insbesondere die eingeschränkte organisationale Nutzung menschlichen Arbeitsvermögens z.B. im Rahmen des Arbeitsmarktes gemeint.

- die Entwicklung der Trennung von Planung und Ausführung, zunächst als kognitive Leistung, dann als „Arbeitsteilung";

- die Fähigkeit, in Rollen und Positionen zu denken und zu handeln;

- die Genese geschlechtsspezifischen Arbeitsvermögens, z.b. die Ausbildung einer **„männlichen" Organisationskompetenz**; (Hervorhebung von mir, R.L.)

- die Umstellung von persönlicher Loyalität einem Herrn gegenüber auf Loyalität gegenüber einem abstrakten, „versachlichten" Gebilde bzw. einer organisational initiierten Gemeinschaft;

- die Entwicklung leistungs- und erfolgsthematischer Motive, die es ermöglichen, Handlungsmotivationen unabhängig von Inhalten konkreter Arbeit zu generieren, nur gebunden an abstrakte Erfolgsgrößen (Einkommen, Karriere, Einfluß usw.), d.h. das Lernen von „Gleich-Gültigkeit";

- (...) (die Entwicklung) gebrauchswertorientierter Fähigkeiten und Fertigkeiten (...) und die damit verbundene Geschichte von Arbeitsgeräten, Werkzeugen, Maschinen, also die gesamte Technikgeschichte sowie von Mustern der Zusammenarbeit in großen Gruppen."

Die soziale Wirklichkeit von Organisationen wird von konkret handelnden und kooperierenden Menschen, Frauen und Männern, in der täglichen Lebenspraxis hervorgebracht und verkörpert. Diese Praxis wird durch den organisationalen Kontext beeinflußt, aber nicht gänzlich determiniert, denn das sinnhaft aufeinander bezogene Verhalten der Individuen fließt mit allen Eigenheiten, die weit über das organisationsförmige Arbeitsvermögen hinausgehen, in das Interaktionsgeschehen ein. Die handelnden Akteure können auf diese Weise (Organisations-) Kulturen und Subkulturen hervorbringen, die ihnen die Unterscheidung in „Innen" und „Außen", „Zugehörig" und „Nicht-zugehörig" erst ermöglichen (Türk, 1993: 318 - 320). D.h. Organisation ist in dieser Sichtweise nicht voraussetzungslos immer schon vorhanden, sondern wird in täglicher Praxis durch konkrete Kooperations- und Interaktionsprozesse sozial reproduziert.

„Organisationen können sich nur dann durchsetzen, wenn sie sich im Handeln der Subjekte verkörpern, indem sie Elemente einer Lebensform werden. Nur über kulturellen Konsens bringt ein hegemoniales Regime Konformität hervor, welche wiederum von den legitimatorischen Möglichkeiten einer Gesellschaft abhängig ist. (...) Organisation (...) konditioniert selektiv und partikularistisch einen sie weit übergreifenden Lebenszusammenhang der Menschen. (...) Organisationen sind angewiesen auf lebendige Arbeit, müssen aber Lebendigkeit als potentielles Zerstörungspotential ihrer hochselektiven Struktur fürchten." (Rastetter, 1994: 102)

D.h. jede organisationsförmige Kooperation reproduziert Organisationsstrukturen und -prozesse und birgt gleichzeitig das Potential in sich, diese zu transzendieren. Organisationale Herrschaft verkörpert sich also im sozialen Handeln der Akteure selbst. Organisationsmitglieder sind als Subjekte in den Reproduktionsprozeß organisationaler Herrschaft einbezogen (Türk, 1993: 329). Dabei spielen Erscheinungs- und Wirkungsweisen von Geschlecht und Sexualität in Organisationen, wie sich im folgenden Abschnitt zeigen wird, eine herausragende (und von Türk übersehene) Rolle zur Reproduktion organisationaler Herrschaft mit vergschlechtlichem Charakter.

3.4.4 Rastetters Integration der Kategorien Geschlecht und Sexualität in Organisationen unter der Herrschaftsperspektive von Türk

Vier Anknüpfungspunkte zur Integration von Geschlecht und Sexualität in Türks (1993) organisationstheoretischen Ansatz lassen sich aufzeigen (Rastetter, 1994: 103 f.):

1. „Indem Herrschaft ins Zentrum des „Phänomens" Organisation gestellt wird, ist es möglich, die Disziplinierung der Menschen und ihrer Sexualität (...) als Zurichtung zu organisationsförmigem Verhalten zu betrachten.

2. Herrschaft soll in diesem Zusammenhang als (hegemonial) männliche Herrschaft begriffen werden. (...) In der ausschließenden Vergemeinschaftung von (Gruppen von) Organisationsmitgliedern (vermuten Stolz und Türk) eine typisch männliche Solidarisierung in Form von Männerbünden. Als zentraler Punkt ist die genannte Herrschaftsbasis der diskriminatorischen Kategorisierung in Frauen und Männer zu werten.[52]

3. Durch die makropolitische Perspektive können die innerhalb der Geschlechterforschung gefundenen gesellschaftlichen Bedingungen und Muster der Frau-Mann-Verhältnisse in die Organisationsanalyse eingebracht werden. Ohne eine solche Makro-Perspektive - z.B. bezüglich Familienpolitik, kulturellen Weiblichkeits- und Männlichkeitsvorstellungen, Primärsozialisation usw. - wären die meisten Facetten der Geschlechterdynamik der Organisation - Vergeschlechtlichung von Arbeitstätigkeiten, sexuelle Belästigung, Nicht-Zulassung von Frauen in Männerdomänen usw. - kaum hinreichend zu erklären.

4. Mit den Differenzbegriffen Nicht-Herrschaft bzw. Nicht-Organisation ist es möglich, über das vermeintlich Selbstverständliche hinauszudenken und die heutige Form der Organisation als spezifische und besondere Art der Kooperation unter Menschen nicht als unveränderbar zu betrachten. Solche Postulate kommen sowohl denen Marcuses (1987 und 1990) zur Überwindung zusätzlicher Unterdrückung als auch den Forderungen von Geschlechterforscherinnen und -forschern nahe, die nach

---

[52]Rastetter (1994: 103) weist außerdem darauf hin, daß Stolz und Türk (1992) in der innerfamiliären geschlechtsspezifischen Arbeitsteilung und in einer konservativen Familienpolitik, die sich v.a. durch eine Kontrolle über die Gebärfähigkeit bzw. -willigkeit „auszeichnet", konstitutive Bedingungen kapitalistischer Herrschaft sehen, die sich explizit auf Geschlecht als wesentliche Resource stützen.

Möglichkeiten alternativer (gerechterer, gleichheitsförderlicher) Kooperationsmodelle suchen. (z.B. Acker, 1991, Cockburn 1991, Alvesson und Billing, 1992)."

Die von Türk und Stolz entwickelten analytischen Begriffe „Ordnung", „Gebilde" und „Vergemeinschaftung" sind keine geschlechtsneutralen Konstrukte, sondern „vergeschlechtlichte Prozesse", wie sie u.a. Acker (1991 und 1992) beschrieben hat. Der Mythos von Asexualität und Rationalität in Türks Entwurf einer „politischen Ökonomie der Organisation" kann demnach ebenfalls als ein Ausdruck hegemonialer Männlichkeit entlarvt werden. Organisationen lassen sich zutreffender als eine historisch-gesellschaftlich spezifische Verkörperung männlicher Herrschaft beschreiben (Rastetter, 1994: 119 f.). Trennungen und Grenzziehungen, wie sie sich in den drei Aspekten von Herrschaft in Organisationen zeigen, sind sowohl für Organisationen als auch für Geschlechterbeziehungen eine stets notwendige Voraussetzung von Herrschaft. In der Analyse kommt es darauf an, zu zeigen, wer an welchen Stellen und zu welchem Zweck Grenzziehungen vornimmt und wem sie zugute kommen. Ein Aspekt dieser Trennungen ist die im Rationalitätskonzept angelegte Annahme einer abstrakten, entkörperlichten Arbeitskraft, verbunden mit der Vorstellung einer körper- und sexualitätslosen (Erwerbs-)Arbeit, durch die Körperlichkeit und Sexualität in Organisationen desymbolisiert werden sollen.

„Die Norm-Arbeitskraft Mann ist ein beschränktes, ja zerstörtes (ihrer Sexualität beraubtes) Symbolsystem ebenso wie das „sexuelle Wesen" Frau ein zerstörtes (seiner Rationalität, Aktivität, Produktivität usw. beraubtes) Symbolsystem darstellt. Mit der desymbolisierten Handhabung von Praxis wird Herrschaft sichergestellt - im Sinne hegemonialer Männlichkeit dient sie zudem dazu, bestimmte Männer von Herrschaft fernzuhalten." (Rastetter, 1994: 111)[53]

Gleichwohl wirken Frauen und Männer häufig in ähnlicher Weise aufgrund bestimmter, sich wechselseitig ergänzender Interessen bei der Verteidigung geltender Herrschaftsverhältnisse mit, denn neben materiellen Interessen, die sie so befriedigen können, führt insbesondere die heterosexuelle Orientierung und die damit verbundenen (Liebes-)Vorstellungen an ein geschlechtsgerechtes Verhalten dazu, daß viele Frauen und Männer sich weiter an bipolaren Verhaltenserwartungen aufgrund von gesellschaftlichen Zuschreibungen orientieren und an tradierten Geschlechterbildern festhalten. Dies ist ein für die Herrschaftssicherung zentraler Zusammenhang.

---

[53]Ein Beispiel für diese Prozesse der Verdrängung bzw. Desymbolisierung ist der Karrieremensch, der Reproduktionsarbeiten im Alltag einer anderen Person (i.d.R. die Partnerin) zuweist und damit für sich ausblendet. Nicht oder kaum symbolisierte Aspekte des Zusammenlebens und dadurch abgewertete Bereiche und Tätigkeiten sind insbesondere Praktiken, die Arbeits- und Lebensbedingungen von Frauen tangieren: Haus- und Erziehungsarbeit, „Gefühlsarbeit", Lebenslagen alleinerziehender oder alter Frauen, aber auch Gewaltphänomene, die v.a. Frauen betreffen wie (sexuelle) Gewalt in der Familie oder (sexuelle) Belästigung am Arbeitsplatz (Rastetter, 1994: 111).

„Eben diese geschlechtliche Anziehung wird für die Sicherung von Herrschaft gebraucht, sei es in der Nutzung unentgeltlicher „Liebes"-, Reproduktions- und Alltagsarbeit der Ehefrau, sei es bei institutionalisierten „Paaren" wie Chef-Sekretärin und Verkaufsleiter-Verkäuferin, bei denen die Frau eine zentrale Pufferfunktion zwischen Management und Kundschaft bzw. übrigen Mitarbeiterinnen und Mitarbeitern einnimmt. Die Position der Frau ist dabei typischerweise mit wenig eigener und relativ viel abgeleiteter Macht ausgestattet und trägt zur besonderen Loyalität gegenüber Herrschenden und zur Ambivalenz gegnüber der eigenen Identifikation als Kontrollierende oder Kontrollierte bei." (Grant und Tancred, 1992; zitiert nach Rastetter, 1994: 112).

Über die bislang beschriebenen Zusammenhänge hinaus, soll jetzt noch etwas genauer dargestellt werden, wie Rastetter begründet, daß **Ordnung, Gebilde** und **Vergemeinschaftung** als Dimensionen der Organisation in vielfacher Weise geschlechtlich aufgeladen sind. Die rationale **Ordnung** der Welt seit der Aufklärung führte zu Trennungen und Kategorisierungen von Dingen und Menschen bei gleichzeitiger Disziplinierung und zunehmender Kontrolle aller körperlich-sexuellen und emotionalen Lebensäußerungen im öffentlichen Leben. Organisationen als ein Bereich der Öffentlichkeit können in diesem Prozess der Zivilisierung (Elias, 1976), Rationalisierung (Weber, 1972) und Disziplinierung (Foucault, 1976) als Ordnungsfaktoren betrachtet werden, die durch eine fundamentale „männliche" Semantik (Rational=Norm=Männlich) und eine „heilige Ordnung der Männer" (Schwarz, 1987) in ihren hierarchischen Strukturen charakterisierbar sind. In diesem so geordneten „Organisationskörper" (Acker, 1991) haben Frauen keinen Platz; sie haben sich um die Reproduktion des „Gesellschaftskörpers" (Rastetter, 1994) zu sorgen (Kinder gebären und erziehen, Fürsorge für Haushalt und Familie usw.).

Der vergeschlechtlichte Charakter der Organisation als **Gebilde** läßt sich am geschlechtsspezifischen Zugriff auf Arbeitsvermögen und durch die geschlechtsspezifische Arbeitsteilung aufzeigen (Rastetter, 1994: 113 ff.). Jede Organisation ist auf kompetente Akteure angewiesen, die aufgrund ihrer Qualifikation, Motivation und ihres Wissens um organisationsangemessenes Verhalten die Reproduktion der Organisation sicherstellen. Dabei ist entscheidend, daß diese Anforderungen so formuliert und definiert werden, daß sie mit den von Frauen und Männern erlernten spezifischen Fähigkeiten kompatibel sind. D.h. Arbeitsplätze und -tätigkeiten unterliegen einer geschlechtsspezifischen Bewertung und die erwarteten Qualifikationen können als „männliche" bzw. „weibliche Fähigkeiten" beschrieben und verstanden werden, wobei der Tauschwert typisch „weiblicher" Fähigkeiten (dazu werden i.d.R. Fürsorge, Empathie, Geduld usw. gezählt; extrafunktional erworbene Kompetenzen, die aus der Zuweisung der Frauen in die private Sphäre resultieren) häufig deutlich niedriger ausfällt, als typisch „männliche" Fähigkeiten. Geschlechtsspezifische Unterschiede sind auch in Hinblick auf berufliche Interessen und die Karrieremotivation dokumentiert, was neben ökonomischen und sozialisatorischen Zwängen auf die generell geringere Aussicht von Frauen auf attraktive Beschäftigungsmöglichkeiten zurückgeführt wird (z.B. Clegg und Dunkerley, 1980: 408) und mit der Vorstellung von Frauen als „Reservearmee" des Arbeitsmarktes (Bravermann, 1974) korrespondiert.

Der Bereich des Managements in Organisationen muß ebenfalls als „vergeschlechtlicht" betrachtet werden, denn es dominieren quantitativ und qualitativ Männer, während Frauen als ungeliebte Eindringlinge auf diesem „fremden Kontintent" (Rastetter, 1994: 115) einen schwierigen Anpassungsprozess zu leisten haben, denn die „männliche Organisationskompetenz" (Türk, 1993: 317) diktiert Verhaltensweisen, die nicht unbedingt zum erlernten Verhaltenskanon von Frauen gehören müssen. Der Zwang, anerzogene Eigenschaften in frauenuntypischen Bereichen der Organisation (z.B. Management) zumindest teilweise ablegen zu müssen und sich ungewohnte, ggf. irritierende Verhaltensweisen aneignen zu müssen, kann dazu beitragen, daß sich Konflikte zwischen den Geschlechtern verschärfen, und sich die betroffenen Frauen von den Zumutungen einer männlich dominierten Organisationskultur und -logik bewußt distanzieren (Alvesson und Billing, 1992: 80; vgl. auch 4.1).

Hintergrund für diesen geschlechtsspezifischen Zugriff auf Arbeitsvermögen ist die tradierte geschlechtsbezogene Arbeitsteilung, die Frauen und Männer stets auf hierarchische Distanz hält, auch wenn neue Arbeitsprozesse und neue Technologien eine andere, weniger geschlechtshierarchische Zuteilung von Arbeit grundsätzlich ermöglichten (vgl. z.B. Cockburn, 1988). Aufgaben und Tätigkeiten werden stets entlang der Geschlechterlinie definiert, so daß deutlich wird, welche als „weiblich" oder „männlich" gelten und wie aufgrund dieser Trennung die Bewertung der Tätigkeit auszusehen hat. Die historisch gewachsene geschlechtliche Trennung von Zuständigkeitsbereichen (Mann = Erwerbsarbeit; Frau = Haus- und Erziehungsarbeit) wird ideologisch untermauert, in dem alle häuslichen Arbeiten und v.a. die Kindererziehung als weibliche Domäne konstruiert werden und Männer sich jenseits familiärer Pflichten in eindimensionaler Weise als permanent verfügbare, ungebundene und entkörperlichte Arbeitskräfte auf dem Arbeitsmarkt beweisen müssen (Böhnisch und Winter, 1993:142).

Damit ist ein für Organisationen sehr funktionaler Zusammenhang angesprochen, denn Organisationen können auf die vielfältigen und notwendigen Tätigkeiten im Reproduktionsbereich zurückgreifen, ohne eigene Ressourcen nutzen zu müssen. Außerdem können sie sich darauf verlassen, daß die noch immer sehr wirksame Ideologie vom männlichen Familienernährer viele männliche Beschäftigte in besonderer Weise an die jeweilige Beschäftigungsstelle bindet. Ein daraus erwachsenes geschlechtsspezifisches Verhalten in Organisationen und die konstruierte, geschlechtshierarchische Anordnung von Fähigkeiten, die eine wesentliche Grundlage für Benachteiligungen von Frauen und Bevorzugungen von Männern in Organisationen bilden, werden durch spezifische Geschlechtssymbole, die mit „männlich" oder „weiblich" verknüpft sind, unterstrichen (Alvesson und Billing, 1992: 92).[54]

Die geschlechtliche Dimension von Organisation läßt sich außerdem an der Ausschlußfunktion von Vergemeinschaftungsprozessen erkennen. **Vergemeinschaftungen** in Form von Netzwerken, Bündnissen, Verbänden und informellen Gruppen gelten als ein prägendes Element jeder Organisation, um die Interessen derjenigen wahren und durchsetzen zu können, die Mitglied der Gemeinschaft sind. Dabei zeigt sich die personelle Abgrenzung gegenüber Frauen und die Bevorzugung von Männern in vielen Bereichen der Organisation (Rastetter, 1994: 118):

- „Der Ausschluß von Frauen aus Männerdomänen und Führungspositionen;
- die Bevorzugung von Männern, die dem hegemonialen Männlichkeitsbild nahestehen, vor allem für männlich konnotierte Tätigkeiten wie Führung, Militär etc;
- der Ausschluß von Frauen aus informellen Netzwerken, sobald sie die gleichgestellte Position erreicht haben;
- möglicherweise auch der Ausschluß von Männern aus Frauendomänen, weil durch gemischte Arbeitsgruppen Geschlechtergrenzen verwischt werden."

Eine der größten Barrieren zur Chancengleichheit der Geschlechter ist die häufig anzutreffende „bündische" Orientierung vieler Führungskräfte in Organisationen, die dazu beiträgt, daß sowohl Frauen als auch unerwünschten Männern kein Zugang zu diesen prestigeträchtigen Positionen gewährt wird. Die machtsichernde Funktion homosozialer Männerbünde als Instrument zur Begründung und Reproduktion männlicher Hegemonie wird im vierten Teil mit Blick auf das Management in Organisationen genauer erläutert (vgl. v.a. 4.5).

3.5 Unterdrückung und Nutzung von Geschlecht, Sexualität und Emotionen in Organisationen

Organisationen sind, das haben die vorherigen Abschnitte gezeigt, von geschlechtlichen Herrschaftsprozessen durchdrungen, bei denen polare Geschlechterbilder und ein geschlechtsbezogener Zugriff auf Körperlichkeit und Sexualität eine zentrale Rolle spielen (vgl. 3.2, 3.3, 3.4). Das Gebot zur Entsexualisierung und Disziplinierung des Körpers, welches mit der Vorstellung einer abstrakten, entkörperlichten Arbeitskraft korrespondiert, soll jetzt in Ver-

---

[54]Zu diesen Geschlechtssymbolen gehören z.B. Sprache, Mythen, Artefakte, Kleidung und bestimmte Gesten, die geschlechtlich zugeordnet werden können. Immer, wenn eine männliche Symbolik besonders stark dominiert, wie z.B. im Management von Organisationen, sind Benachteiligungen von Frauen (z.B. Zugang und Aufstieg in das Management; Entwicklungspotentiale, Leistungsbewertungen) besonders gravierend (Rastetter, 1994: 118).

bindung mit den Aspekten der Kontrolle und Verwertung von Emotionen in Organisationen (vgl. z.B. Fineman, 1993) auf seine Bedeutung für die (Re-)Produktion hierarchischer Geschlechterverhältnisse näher untersucht werden. Dabei wird dem Aspekt der Nutzung und Verwertung von Geschlecht, Sexualität und Emotionen im Gegensatz zur Unterdrückung dieser Ressourcen in Organisationen besondere Aufmerksamkeit geschenkt.

3.5.1 Desexualisierung der Organisation und Kontrolle der Emotionen in Organisationen

Prozesse der Desexualisierung der Organisation, die stets mit der strikten Kontrolle von Sexualität und Emotionen auf der einen, und der strengen Orientierung an organisationalen Regeln, Ritualen und Hierarchien auf der anderen Seite einhergehen, nehmen einen zentralen Stellenwert bei Aufbau und Erhalt einer Organisation ein, wie sich besonders drastisch an „totalen Institutionen" (Goffman, 1973) zeigen läßt. Die Disziplinierung aller Lebensäußerungen inklusive Sexualität und Emotionen, verbunden mit dem strengen Gebot einer methodisch-rationalen Lebensführung stehen im Mittelpunkt der Bemühungen um Herrschaftssicherung in Organisationen wie Kirchen/Klöstern, Militär, Gefängnissen, Anstalten, Internaten, Arbeitslagern usw. Aber auch (Erwerbs-) Arbeitsorganisationen weisen diesbezüglich einige Parallelen zu totalen Institutionen auf, denn militärische Befehls- und Organisationsstrukturen wurden im 19. Jahrhundert vielfach auf Arbeitsorganisationen übertragen, was in zeitgenössischen Unternehmen durch geläufige Begriffe aus militärischen Zusammenhängen wie „Stab", „Abteilung", „Führungsmannschaft" usw. ein spätes Echo findet. Sogesehen bieten viele prä- und frühkapitalistische Organisationen und die dort entstandenen sozialen Zwangs- und Kontrollmechanismen eine auch heute noch wirkungsmächtige Schablone für die Erfordernisse des Erwerbslebens (vgl. Burrell, 1992; Treiber, 1990; Foucault, 1989; Rastetter, 1994). Desexualisierungsprozesse und -strategien zeigen sich in Organisationen durch (1.) Geschlechtertrennungen, (2.) Verbote und Strafen und (3.) Kontrolle der Zeit und des Körpers (Rastetter, 1994: 125 - 141)

(1.) Desexualisierungsprozesse in Organisationen und die Kontrolle der Emotionen durch Trennungen der Geschlechter zeigen sich durch geschlechtsbezogene Aufnahme und Verteilung der Organisationsmitglieder, in dem z.B. nur ein Geschlecht aufgenommen wird (Klöster, Militär, z.T. Schulen), Frauen und Männern (bzw. Mädchen und Jungen) unterschiedliche Räumlichkeiten und/oder geschlechtstypische Tätigkeitsbereiche zugeteilt werden (Erziehungs-institutionen/Schulen, Industrie- und Dienstleistungsunternehmen, öffentliche Verwaltungen usw.) und die Art und Weise der Kontaktaufnahme zwischen den Geschlechtern reglementiert und überwacht wird (Rastetter, 1994: 125 ff.)

(2.) Desexualisierungsprozesse in Organisationen und die Kontrolle der Emotionen durch Verbote und Strafen zeigen sich besonders drastisch in totalen Institutionen wie Klöstern und dem Militär, wo die Mißachtung des Zölibatsgebots (Kirche/Kloster) bzw. die Äußerung homosexueller Wünsche und Neigungen (v.a. Militär, aber auch Kirche/Kloster) i.d.R. mit drastischen Strafen belegt wird und nicht selten ein Ausschluß aus diesen Organisationen folgt, wenn diese Verbote mißachtet werden. Das grenzüberschreitende und verbindende Potential von Sexualität und Emotion bedroht diskriminatorische und hierarchische Einteilungen, durch die Organisationen als geschlechtshierarchische Konstrukte gekennzeichnet sind. Besonders rigide Männlichkeits- und Weiblichkeitsbilder und damit einhergehende Ge- und Verbote zeigen sich in Organisationen, die eine herausragende werte- und herrschaftsstabilisierende Funktion haben, wie z.B. Militär und Erziehungseinrichtungen (Rastetter, 1994: 128 ff.). Diskriminierungen Homosexueller zeigen sich allerdings auch in Wirtschaftsorganisationen, wenn z.B. der Aufstieg in Führungspositionen aufgrund dieser sexuellen Neigung verhindert wird oder gar die Entlassung droht, sobald bekannt wird, daß eine homosexuelle Orientierung vorliegt (vgl. z.B. Schumacher, 1993; Lautmann, 1977).

(3.) Desexualisierungsprozesse in Organisationen und die Kontrolle der Emotionen durch Kontrolle der Zeit und des Körpers zeigen sich auf organisationaler Ebene durch strikte Arbeitszeit- und Pausenzeitregelungen im Gegensatz zu zyklischen, nicht vorhersehbaren Zeitstrukturen der Privatsphäre, so daß die rationale Logik der erwerbswirtschaftlichen Sphäre und der damit zusammenhängende Arbeitsrhythmus den körperlichen Rhythmus zunehmend dominiert (Hearn und Parkin, 1987: 89). Sexualität und Emotionen haben vor diesem Hintergrund im organisationalen Kontext keinen Platz und werden der Privatsphäre zugeteilt, die der psychischen und physischen Regeneration der Arbeitskraft dienen soll. Unabhängig von körperlichen, sexuellen und emotionalen Leidenschaften soll das arbeitende Individuum regelmäßig und methodisch arbeiten und seine Energien nicht in unregelmäßiger und aufwühlender sexueller Befriedigung verschwenden (Burrell, 1992). Gleichzeitig gibt es einen geschlechtlichen Umgang mit Kleidung als kulturspezifische Erscheinungsform von Körperlichkeit in Organisationen, welcher sowohl die Desexualisierungswirkung der Organisation unterstützen soll (z.B. durch betont asexuelle Kleidung bei Männern wie Uniformen, Anzügen oder spezielle Gewänder bei Priestern usw.), als auch gezielt sexualisierte Mittel zur instrumentellen Verwertung des Körpers durch die Organisation ermöglichen soll (z.B. durch betont sexualisierte Kleidung bei Frauen, die aufgrund der Arbeitsaufgabe erwartet wird).

„Die betonte Asexualität des Managements durch asexuelle Kleidung (soll) unterstrichen werden, während auf unteren Rängen in erster Linie bei Frauen sexualisierte Kleidung als Mittel eingesetzt wird, ein Mittel, das zuvor allerdings durch allgemeine Disziplinierungsprozesse schon verharmlost wurde. Denn auch wenn eine Kleidungsvorschrift „sexy" Kleidung beinhaltet, ist sie dadurch, daß sie verordnet wurde, für unkontrollierbare und spontane Triebimpulse nicht vorgesehen." (Rastetter, 1994: 136 f.)

Diese Desexualisierungsprozesse, die mit der Disziplinierung von Triebimpulsen und der zunehmenden Kontrolle von Emotionen in Organisationen einhergehen und Konstrukte wie die „entkörperlichte Arbeitskraft" in einer „desexualisierten Organisation" hervorgebracht haben, haben sich in der Gegenwart dahingehend gewandelt, daß Sexualität und Emotionen zunehmend organisationsförmig kanalisiert und dadurch ökonomisch verwertbar gemacht werden (vgl. z.B. Hochschild, 1990, Adkins, 1992; Fineman, 1993). Dieser Bedeutungswandel aus der jüngeren Vergangenheit und Gegenwart resultiert aus steigenden Ansprüchen an Konsum-, Lust- und Erlebnisorientierung, wachsender sexueller Freizügigkeit, weniger rigiden Geschlechtertrennungen in der Öffentlichkeit einschließlich Organisationen und dem zunehmenden Mißtrauen gegenüber der Gültigkeit und Durchsetzungsfähigkeit des Rationalitätsmythos.

„Organisationen stehen sich insofern selbst im Weg, als sie auf der einen Seite gemäß ihrer konstitutiven Bestimmungselemente Sexualität (und Emotionen, R.L.) kontrollierbar machen müssen und auf der anderen Seite größtenteils konsumentenabhängig sind und lustbetonte Bedürfnisse eher wecken als unterdrücken sollen. In der Konsumgesellschaft mag es deshalb in erster Linie darum gehen, Sexualität (und Emotionen, R.L.) in der Organisation effizient zu kanalisieren, denn reines Abdrängen in die Privatheit scheint weder ratsam noch möglich." (Rastetter, 1994: 140 f.)

Wie diese Verwertung von Geschlecht, Sexualität und Emotion durch die Kapitalisierung von Weiblichkeit und Männlichkeit und die Kanalisierung von Sexualität und Emotionen in Organisationen vollzogen wird und welche Konsequenzen dies für Geschlechterverhältnisse in Organisationen hat, ist Thema des folgenden Abschnitts.

3.5.2 Verwertung von Geschlecht, Sexualität und Emotion durch die Kapitalisierung von Weiblichkeit und Männlichkeit

„Kapitalisierung" von Geschlecht, Sexualität und Emotion bedeutet, diese (Organisations-) Ressourcen ökonomisch zu verwerten, also Weiblichkeit und Männlichkeit bewußt im Interesse der Organisation zur Nutzenmaximierung einzusetzen. Kapitalisierungsprozesse dieser Art sind u.a. durch geschlechtstypische Muster gekennzeichnet, denn bezogen z.B. auf Sexualität wird überwiegend Weiblichkeit vermarktet (die attraktive Sekretärin, Empfangsdame und, als besonders drastisches Beispiel, die Prostituierte) und Männer sind i.d.R. konsumierende Akteure. Die Vermarktung weiblicher Sexualität findet v.a. in personenorientierten Dienstleistungsbranchen (zu diesen überproportional von Frauen besetzen Bereichen zählt Gerhards (1988) z.B. Vermittlungsberufe, Verkaufsberufe, Teile der Gast- und Hauswirtschaft, Sozialberufe, pädagogische und seelsorgerische Berufe) statt, wo Frauen professionell mit Männern in Kontakt kommen (Rastetter, 1994: 142 - 145; dort weitere Ausführungen zu verschiedenen Formen direkter und indirekter Vermarktung und Nutzung von Sexualität in „Profit-" und „Non-Profit-Organisationen").

Der Warencharakter von Weiblichkeit und Männlichkeit zeigt sich in der ökonomischen Verwertung von zugeschriebenen geschlechtsspezifischen Attributen, Qualitäten und Qualifikationen. Bezogen auf Weiblichkeit sind dies z.B. Sexualität, Köperlichkeit, Schönheit, Verführungsgeschick, Charme, Emotionalität, Passivität/Unterwürfigkeit, Einfühlungsvermögen, Zurückhaltung und Fürsorglichkeit; bezogen auf Männlichkeit gehören dazu z.B. Stärke, Sachlichkeit/Rationalität, Initiative, Energie und Durchsetzungsfähigkeit, also tendenziell nicht-sexualisierte Zuschreibungen, die sich am tradierten hegemonialen Männlichkeitsbild orientieren. D.h im Gegensatz zu Männern werden Frauen im umfassenderen Sinne zum Nutzen der Organisation eingesetzt, in dem ihre Körperlichkeit, Sexualität und Emotionalität vollständig angeeignet werden, was in personenorientierten Tätigkeitsfeldern besonders deutlich erkennbar wird. Hochschild (1990) belegt diesen Zusammenhang besonders eindrucksvoll durch ihre empirischen Forschungsarbeiten zu Stewardessen und Stewards und weist auf die herausragende Bedeutung von „Gefühlsarbeit" insbesondere in Dienstleistungsorganisationen hin.

Das Gebot zum manipulativen Einsatz von Gefühlen, das sog. „Gefühlsmanagement", entwickelt sich zu einer immer wichtiger werdenden Größe bei der Bewertung von Arbeitsleistungen und den daraus erwachsenden Entwicklungsmöglichkeiten und geht mit der Gefahr der Entfremdung von den eigenen Gefühlen einher, denn die Stewardessen und Stewards sollen selbst an die Fiktion des Fluggastes als persönlicher Gast in den „eigenen vier Wänden" glauben, um diesen das Gefühl einer persönlichen Beziehung zu geben. Flugbegleiterinnen und Flugbegleiter sollen auf diese Weise ihre Gefühle so weit manipulieren, daß ihnen selbst die Wahrnehmung des instrumentellen Charakters im Verhältnis zwischen ihnen und den Fluggästen verlorengeht. Das „innere Handeln" soll sich dadurch nicht mehr nur in das „Oberflächenhandeln" einmischen können und die „Berufsmaske" soll weniger leicht identifizierbar sein. Dieses Gebot betrifft Frauen und Männer auf allen Ebenen der Organisation, gleichwohl sind es insbesondere Frauen, die häufig eine emotionale Vermittlerfunktion zu erfüllen haben, wie an Tätigkeiten von Sekretärinnen, Verkäuferinnen, Krankenschwestern, Sprechstundenhilfen oder Stewardessen deutlich wird (vgl. z.B. Tancred-Sheriff, 1989). Auf diese Weise reproduzieren sich in Organisationen tradierte Geschlechterverhältnisse, in denen Frauen tendenziell als machtlose, gefühlsorientierte und nicht zuletzt preiswerte (Frauenarbeit ist billiger als Männerarbeit) Objekte konstruiert werden und Männer die autonom handelnden und mit Kompetenz und Autorität ausgestatteten Subjekte bleiben (Rastetter, 1994: 152 ff.).

Deutlich wird dieser Zusammenhang auch im hier besonders interessierenden Bereich des Managements als klassischer Männerdomäne in Organisationen, wo Frauen, sofern ihnen überhaupt ein Zugang in Führungspositionen gewährt wurde, in besonderer Weise mit der Kapitalisierung ihrer Weiblichkeit konfrontiert werden, indem beispielsweise weiblicher Charme und Attraktivität ganz bewußt zur antizipierten Erleichterung zwischenmenschlicher Interaktionen und damit zum Nutzen der Organisation eingesetzt werden sollen. Dies hat zur Folge, daß Frauen als Managerinnen in ihrer Selbstbestimmung in höherem Maße eingeengt werden als ihre männlichen Kollegen und es führt generell dazu, daß Managerinnen täglich einen schwierigen Balanceakt zwischen sexualisierten Anforderungen auf der einen, und sachlichen Erfordernissen auf der anderen Seite vollführen müssen, was in der Praxis nur mit einem fein entwickelten Sensorium zum situationsgerechten Auftreten gelingen kann und nicht selten mißlingt (Rastetter, 1994: 154 f.; vgl. auch 4.1).

Der Warencharakter von Männlichkeit zeigt sich in der notwendigen Selbstinstrumentalisierung von Männern vor dem Hintergrund einer abstrakten, entkörperlichten Norm-Arbeitskraft ohne persönliche und emotionale Bedürfnisse, was die Instrumentalisierung anderer einschließt, indem diese entweder als Konkurrenten oder als nützliche Personen betrachtet werden. Bezogen auf das Management als männlich konnotierter Tätigkeit in Organisationen zeigt sich das für Männer destruktive Potential dieser idealtypischen bzw. hegemonialen Männlichkeitsvorstellungen, denn die Zumutungen und Risiken, die mit einer Führungsposition häufig einhergehen (hohe Arbeitsbelastung, Streß, Konkurrenz, Erfolgsdruck, Entfremdung von Frau und Kindern, anderen Männern und vom eigenen Selbst usw.), führen nicht selten zu gravierenden psychischen Deformierungen bis hin zum Selbstmord als spektakulärstem „Ausstieg" aus diesem Teufelskreis (vgl. z.B. Streich, 1994; Hesse und Schrader, 1994).

> „Dem geforderten Bild zu entsprechen, setzt eine konsequente Zurichtung des Mannes hin zum Männlichkeitsideal voraus, aus dem alle „weiblichen" Attribute verbannt sind. Die genaue Definition dessen, was männlich ist, bietet die Möglichkeit, Männlichkeit zu instrumentalisieren und in Geldwerte umzusetzen, wofür nach Türk Desymbolisierungen und Abspaltungen von ganzheitlichen Lebenszusammenhängen eine ausschlaggebende Rolle spielen. So gewährleistet die Anpassung an das geforderte Männlichkeitsbild größtmögliches organisationsförmiges Handeln. Da der Mann im allgemeinen und der männliche Organisationsmensch im besonderen als Norm und Ausgangspunkt jeder Analyse dienen, fällt deren Zurichtung und soziale Reproduktion

allerdings kaum auf - ein wesentlicher Nachteil jeder Normgruppe. Ihr Vorteil besteht unzweifelhaft in der höheren gesellschaftlichen Bewertung und, was ihre Instrumentalisierung betrifft, in der höheren Entlohnung typischer Männerarbeit." (Rastetter, 1994: 158 f.)

Die im obigen Zitat angesprochene Analyse der Zurichtung und soziale Reproduktion von Männern in Organisationen vor dem Hintergrund eines Bildes vom männlichen (Normal-) Organisationsmenschen, daß sich stark an hegemonialen Männlichkeitsformen orientiert, wird im Mittelpunkt des folgenden Abschnitts dieser Arbeit stehen. Konstruktionen von Männlichkeiten im Management von Organisationen und deren Bedeutung für die Produktion und Reproduktion hierarchischer Geschlechterverhältnisse werden fokussiert und in den Gesamtargumentationsgang integriert.

4 Management und Geschlecht in Organisationen

Die im Abschnitt 3.1 konstatierte „Geschlechtsblindheit" vieler Ansätze der Organisationsforschung bis in die Gegenwart hinein gilt in gleicher Weise für den größten Teil sozialwissenschaftlicher Forschungsarbeiten zum Thema Management in Organisationen. Selbst in neueren Arbeiten zum Management als Funktion und Institution im betrieblichen Kontext, die im Rahmen eines gesamtgesellschaftlichen Ansatzes die gesellschaftliche Organisation von Produktion und Distribution mit in den Erklärungszusammenhang aufnehmen und Organisationen in ein feinmaschiges Netz individueller, sozialer und gesellschaftlicher Beziehungen eingebunden sehen, wird der Strukturkategorie Geschlecht keine Beachtung geschenkt (vgl. z.B. Staehle, 1992; Ganter und Schienstock, 1993). Selbst in einer aktuellen empirischen Untersuchung zu Führungskräften zwischen Unternehmen und Lebenswelt, die das Ziel hatte, Führungskräfte im Spannungfeld von betrieblicher Struktur, beruflichem Selbstverständnis und lebensweltlichen Ansprüchen zu untersuchen, ist den Autoren die Frage nach geschlechtsbezogenen Unterschieden bei beruflichen Entwicklungschancen nur einen vergleichsweise kurzen „Exkurs" wert (Baethge et al., 1995).

Das Management wird als notwendige und unentbehrliche Institution beschrieben (verkörpert i.d.R. durch Männer, was aber nicht thematisiert wird), die Aufgaben wie die Strukturierung und Koordination der Produktion (strategische Planung, Organisation, Führung, Motivation, Kontrolle usw.) wahrzunehmen hat, und nicht zuletzt zur Legitimation und Absicherung der bestehenden betrieblichen und gesellschaftlichen Machtverhältnisse verpflichtet ist. Diese Aufgaben und Funktionen soll der Manager[55] als „Sozialingenieur", „visionärer Führer", „charismatischer Unternehmer-Manager", „Intrapreneur" usw. wahrnehmen und erfüllen, um eine dynamische und profitable Organisations- bzw. Unternehmensentwicklung sicherzustellen. Geschlechterverhältnisse sind dabei, folgt man dieser Literatur, ohne Bedeutung für den Erfolg oder Mißerfolg dieses Managements von Organisationen als sozialer Prozeß (Staehle, 1992: 67-95 und 117-145; Schienstock, 1993: 8-46).

Diese Annahme ist im Lichte neuerer Erkenntnisse der geschlechtsbezogenen Organisations- und Managementforschung nicht mehr haltbar. Die inzwischen beträchtlich angewachsene Literatur zum Thema „Frauen im Management" (z.B. Adler und Izraeli, 1988, 1994; Hadler, 1995; Geissler, 1995) und die ersten Ansätze einer systematischen Verknüpfung von Ergebnissen der Geschlechterforschung mit sozialwissenschaftlichen Analysen des Managements lassen erkennen, daß nicht nur Organisationen als Ganzes durch vergeschlecht-

---

[55]Absichtlich wird an dieser Stelle nur die männliche Form gewählt, weil der Großteil der Managementliteratur von männlichen Akteuren im Management spricht, ohne dies explizit zu betonen und in den Auswirkungen zu würdigen.

lichte Prozesse und Praktiken gekennzeichnet sind (Acker, 1991, 1992; vgl. auch Abschnitt 3), sondern daß den Kategorien Geschlecht und Sexualität insbesondere im Bereich des Managements eine herausragende Bedeutung für die Reproduktion geschlechtshierarchischer sozialer Beziehungen und vergeschlechtlichter Interaktionsprozesse in Organisationen zukommt (z.B. Cockburn, 1988, 1991; Powell, 1993; Gold, 1988; Bischoff, 1991; Schultz, 1991; Collinson und Hearn, 1994; Kerfoot und Knights, 1993, 1995 und 1996; Knights, 1995; Kanter, 1975, 1977; Pringle, 1988, 1989; Nicolson, 1996; Rastetter, 1994; Puchert et al., 1995; Manthey, 1991, 1992, 1993).

Wie Männer im Management von Organisationen und Unternehmen bzw. weshalb die kulturelle und symbolische Hegemonie der Kategorie Männlichkeit im Management die Chancengleichheit der Geschlechter verhindert, auf welche Weise Männlichkeit zur zentralen Machtressource für Männer im Management werden konnte, und welche Rolle und Funktion den sexuellen und emotionalen Aspekten der Interaktionsprozesse im Management zukommt, ist durch diese neuen Einsichten erklärbar geworden und kann in seinen dysfunktionalen Auswirkungen auf Organisationen und Akteure in Organisationen analysiert und kritisiert werden. Gleichzeitig wird deutlich, daß die vielfältigen Anforderungen und Aufgaben, die eine moderne Arbeitswelt an die Führung von Organisationen und Unternehmen stellt, ohne Blick auf vergeschlechtlichte Prozesse und Praktiken weniger erfolgreich bewältigt werden können, als mit Berücksichtigung dieser Zusammenhänge.

Im folgenden Abschnitt wird zunächst der Forschungsstand zum Thema „Frauen im Management" skizziert und kritisch gewürdigt (4.1), um anschließend das Management als „Bühne" zur Reproduktion „hegemonialer Männlichkeit" zu beschreiben (4.2). Der historische Wandel und die spannungsreiche soziale Dynamik von Management und Männlichkeit werden mit Hilfe empirischer Untersuchungen im Management des britischen Finanzdienstleistungsbereichs dargestellt (4.3), um daran anknüpfend die Frage zu erörtern, ob zeitgenössische Unternehmens- und Managementphilosophien, die das Ideal der allseitig entwickelten (männlichen) Managerpersönlichkeit als Vision vollendeter Autonomie propagieren, wirklichkeitsnahe und widerspruchsfreie Perspektiven darstellen und ggf. sogar emanzipatorische Kräfte für ein verändertes Geschlechterverhältnis im Management entwickeln, oder ob es sich bei diesen Suchbewegungen im Management nur um „alten Wein in neuen Schläuchen" handelt (4.4). Ausführungen zur Bedeutung von Geschlecht, Sexualität und Herrschaft in Männerdomänen mit Blick auf männerbündische Mechanismen im Management zur Reproduktion männlicher Hegemonie unter Ausschluß von Frauen runden den vierten Abschnitt dieser Arbeit ab (4.5).

4.1 Frauen im Management: Zwischen Anpassung und Widerstand

Vieles, was zum Thema „Frauen im Management" in populären und sozialwissenschaftlichen Texten geschrieben wurde, basiert auf Annahmen, die aus liberalen und gleichheitsorientierten politischen Theorien bekannt sind. Organisationen bestehen demnach aus rationalen, autonomen Akteuren, deren erstes Ziel es ist, ein gesetztes (Organisations-)Ziel möglichst effizient und effektiv zu erreichen, ohne daß andere aufgrund des Geschlechts oder anderer Merkmale diskriminiert werden sollten. Die postulierte und angestrebte Gleichheit der Geschlechter i.S.v. Chancengleichheit („gender justice") steht deshalb in dieser Literatur eher im Mittelpunkt, als der aktive Kampf gegen sexuelle Diskriminierung und Frauenhaß in Organisationen (Calás und Smircich, 1996). Die hier dokumentierten Hinweise auf anhaltende geschlechtliche Unterschiede z.B. hinsichtlich der Aufteilung von Tätigkeiten und Berufen, hinsichtlich der Entlohnung oder hinsichtlich der generellen Aufstiegsmöglichkeiten in Organisationen belegen, daß Einstellungen, Traditionen, Erwartungen und kulturelle Normen fortleben, die Frauen nach wie vor daran hindern, höchste Positionen der Hierarchie mit entsprechendem Einfluß und Sozialprestige zu erreichen. Hinzu kommt, daß sich Frauen im Management häufig mit dem Status der Minorität (Exotin, Alibi-Frau usw.) auseinandersetzen müssen und gerne in Managementbereichen wie Personal- und Öffentlichkeitsarbeit oder betriebliche Weiterbildung eingesetzt werden.

Diese als frauentypisch bezeichneten Bereiche im Management von Organisationen bzw. Unternehmen sind häufig weniger prestigeträchtig und finanziell schlechter ausgestattet als andere Managementbereiche. (Powell, 1993; Larwood und Gutek, 1984; Gutek und Larwood, 1987; Domsch et al., 1994; Domsch und Regnet, 1990; Manthey, 1993). Die generelle quantitative und qualitative Dominanz von Männern im Management besteht noch immer auf vielen Hierarchieebenen weitestgehend fort. Dies gilt für Organisationen und Unternehmen unterschiedlicher Branchen in vielen Ländern gleichermaßen und die globalen Trends zur Entwicklung trans- und multinationaler Konzerne im internationalen Wettbewerb scheinen die weltweit beobachtbare Hegemonie von Männern bzw. Männlichkeit im Management nachdrücklich zu bestärken (Collinson und Hearn, 1996: 2).

Die Ursachen für die Reproduktion dieser frauendiskriminierenden Praxis wurden im Rahmen psychologischer (z.B. Gold, 1988; Nicolson, 1996) und soziologischer Forschungen (z.B. Bischoff, 1991; Friedel-Howe, 1990; Cockburn, 1988, 1991) ergründet, wobei immer wieder betont wird, daß Männer im Mangement (und in anderen Bereichen der Organisation) ein kulturelles Milieu schaffen, welches den Frauen ohne viele Worte vermittelt, daß diese hier nicht erwünscht sind (Cockburn, 1991: 77 f.). Hinzu kommt, daß eine familien- bzw.

kinderfreundliche Familienpolitik in den meisten Betrieben fehlt, das Personalmanagement i.d.R. auf die Bedürfnisse der männlichen Mitarbeiter ausgerichtet ist und eine langfristige Karriereplanung, die außerbetriebliche Verpflichtungen berücksichtigt, häufig nicht vorhanden ist. D.h. Anforderungen an Führungskräfte orientieren sich an einem männlichen Erwerbsmodell (lebenslange Berufstätigkeit in Vollzeit; Mythos der ständigen Verfügbarkeit; (Berufs-) Arbeit als Lebensmittelpunkt usw.), welches sich durch starkes zeitliches Engagement ohne Rücksicht auf familiäre Belange auszeichnet und ein hohes Maß an Mobilität und Kontinuität beinhaltet (Powell, 1993; Beck-Gernsheim, 1981; Domsch et al., 1994). Männer profitieren von dieser ihnen zugeschriebenen beruflichen Kontinuität und Frauen wird qua Geschlecht häufig eine zukünftige Berufsunterbrechung aufgrund einer Familienphase unterstellt (Männern wird dieser Wunsch i.d.R. nicht unterstellt...), was sich in der Konsequenz oft als Karrierehemmnis auswirkt.

Als Ursache für diese geschlechtlichen Unterschiede wird auf den Einfluß geschlechtsbezogener Rollensterotype und die darauf basierende gesellschaftliche Arbeitsteilung zwischen Männern und Frauen hingewiesen, die über Sozialisationsinstanzen wie Elternhaus, Schule, Betrieb usw. verfestigt wird. Die den Geschlechtern zugeschriebenen Einstellungen, Fähigkeiten und Verhaltensweisen orientieren sich demnach an den zugeordneten Aufgabenbereichen und dies führt zur verbreiteten Annahme, daß Frauen den im Management gestellten Anforderungen auch bei gleichen formalen (Bildungs-) Voraussetzungen aufgrund ihrer spezifisch weiblichen Berufsorientierung nicht genügen können (Domsch et al., 1994; Wajcman, 1996; Friedel-Howe, 1989). Diese vorurteilsbeladenen Annahmen üben auf Frauen einen starken sozialen Druck aus und in der Folge kann die Entscheidung für eine Karriere im Management durch mangelndes Zutrauen in die häufig vorhandenen Fähigkeiten und Kompetenzen sehr erschwert werden. Der alltägliche Arbeitskontext von Frauen sowie die Einstellungs- und Beförderungspraxis vieler Organisationen reproduzieren diese stereotypen Zuschreibungen an die Geschlechter und wirken zum Nachteil für Frauen (Collinson et al., 1990). Gleichzeitig tragen auch Frauen dazu bei, daß das Management eine Männerdomäne bleibt, wenn sie z.B. Leitungsaufgaben und größere Verantwortung bzw. Machtbefugnisse als nicht erstrebenswert erachten, weil sie sich z.B. aufgrund gesellschaftlicher Zuschreibungen bezogen auf Weiblichkeit mit ihrem Objektstatus abfinden, ohne ggf. vorhandene Autonomie- und Statuswünsche auch gegen Widerstände (z.B. gegen den Partner, der sich weigert, zusätzliche Aufgaben im Reproduktionsbereich zur Entlastung der Partnerin wahrzunehmen) durchsetzen zu wollen (Geissler, 1995: 165 ff.).

Verschiedene betriebliche und politische Maßnahmen zur Verbesserung beruflicher Chancen von Frauen und zur besseren Vereinbarkeit von Beruf und Familie im Rahmen einer mitarbeiterorientierten Personalarbeit (Frauenförderprogramme, geschlechtsbezogene Einstellungspolitik und Personalentwicklungsmaßnahmen, innovative Arbeitszeitregelungen, Weiterbildungsangebote für Frauen usw.) haben dazu beigetragen, daß Frauen generell größere Entwicklungschancen in vielen Unternehmen besitzen als noch vor 20 Jahren. Die z.T. recht spekulativen und häufig spektakulär geführten Debatten zu Themen wie „Frauen im Management" oder „ weiblicher Führungsstil" belegen ein wachsendes Interesse an Frauen als bislang wenig genutzte Begabungsreserve für Leitungsaufgaben, der in Zukunft eine bedeutende Rolle zuwachsen könnte. Es scheinen sich hier neue Verhaltenserwartungen und veränderte Qualifikationsanforderungen an Führungskräfte anzukündigen, die auf den ersten Blick wachsende Partizipationschancen für Frauen im Management eröffnen könnten (Weber, 1993: 210 ff.). Möglicherweise geht es in diesen Debatten aber nicht in erster Linie um die Verbesserung der Karrierechancen von Frauen, sondern vielmehr um eine Neu- und Umsozialisation von Männern im Management z.B. durch die Aneignung von Persönlichkeitszügen und Verhaltensweisen, die kulturell als „weiblich" gelten (z.B. Empathische Zuwendung, sorgende und beschützende Haltungen, kompetenter Umgang mit Gefühlen und Emotionen im Kontakt zu Mitarbeiterinnen und Mitarbeitern). Sogesehen ginge es im Kern eher um eine Modernisierung von Männlichkeit(en) bei gleichbleibender Machtverteilung zwischen den Geschlechtern im Management von Organisationen (vgl. auch 4.4). Dafür spricht, daß noch immer viele Barrieren zum Nachteil von Frauen existieren und insbesondere die in vielen Organisationen wirksamen informellen Werte, Normen und Ideologien, die die Kultur vieler Organisationen zum Nachteil von Frauen entscheidend prägen, bedürfen mit Blick auf das Management einer genaueren Untersuchung.

Die Australische Soziologin Judy Wajcman (1996) stellte sich im Rahmen ihrer Forschungsarbeiten zu Geschlechterverhältnissen im Top-Management von Organisationen die Frage, auf welche Weise betriebliche Strukturen und Prozesse vor dem Hintergrund umfassender Reorganisationsmaßnahmen dazu beitragen, daß Frauen der Zugang zu Spitzenpositionen in der Hierarchie nach wie vor verweigert wird. Sie untersuchte Frauen und Männer im Management von fünf multinationalen privatwirtschaftlichen Unternehmen im Hochtechnologiebereich (v.a. Chemische Industrie und Computerproduzenten), die eine innovative und Frauen fördernde Personalpolitik vertreten, und befragte insgesamt 324 Führungskräft (davon 108 Frauen und 216 Männer) mit einem standardisierten Fragebogen. Zusätzlich gestützt auf qualitative Interviews mit Managerinnen und Managern konnte sie Einstellungen und Erwartungen von Frauen und Männern im Top-Management miteinander vergleichen und belegen,

> „that the women who have made it into senior positions are in most respect indistinguishable from men in equivalent positions." (Wajcman, 1996: 259) (Ähnliche Ergebnisse auch bei Powell, 1993)

Beispielsweise sind die durchschnittlichen Arbeitszeiten von Frauen und Männern im Top-Management gleichlang (50 bis 60 Stunden pro Woche), was der weitverbreiteten Ansicht widerspricht, daß Männer als Manager länger arbeiten als Frauen auf vergleichbaren Positionen. Die intrinsische Motivation von männlichen und weiblichen Führungskräften weist ebenfalls kaum signifikante Unterschiede auf, was dem Vorurteil widerspricht, daß Frauen weniger karriereorientiert seien als Männer. Geschlechtsbezogene Unterschiede konnten nur hinsichtlich der Verantwortlichkeit für Haushalt und Familie festgestellt werden. So zeigt sich, daß die befragten männlichen Führungskräfte keine aktive Rolle in Haushalt und Familie zu spielen haben, wenn Kinder vorhanden sind (d.h. die nicht-erwerbstätige Partnerin/Ehefrau übernimmt i.d.R. die Versorgung der Kinder und des Haushalts), während Managerinnen mit Kindern i.d.R. keinen Partner „im Rücken" haben, der Kinder und Haushalt versorgt. Vor diesem Hintergrund kann es kaum verwundern, daß mehr als zwei Drittel der befragten Managerinnen ohne Kinder leben, während auf der anderen Seite mehr als zwei Drittel der männlichen Führungskräfte Kinder haben (Wajcman, 1996: 264-270; dort auch die genauen Daten zu diesen Forschungsergebnissen, die hier aus Platzgründen nicht ausführlich dargestellt werden können).

Trotz der von Wajcman dokumentierten Ähnlichkeiten zwischen Männern und Frauen bezüglich Einstellungen und Erwartungen an die Tätigkeit als Führungskraft müssen Frauen im Management damit rechnen, daß dies alles nicht ausreicht, um einen nachhaltigen Erfolg zu garantieren:

> „Despite their own efforts, their career progression is ultimately blocked. Women´s experience of management suggests it is still men who have the power to define what constitutes occupational success, and men who dominate it." (Wajcman, 1996: 259)

Der obige Zusammenhang läßt sich auch quantifizieren: Während 70% der befragten Männer davon ausgehen, daß Frauen und Männer gleiche Entwicklungsmöglichkeiten haben, teilen nur knapp 40% der Frauen diese Meinung. 71 % der befragten Frauen sind davon überzeugt, daß die „gläserne Decke" (glass ceiling)[56], die Frauen daran hindert, auf der Karriereleiter voranzukommen, weiter existiert wie bisher, und immerhin ein Drittel der befragten männlichen Führungskräfte diese Auffassung teilen (Wajcman, 1996: 271). In Anlehnung an Acker (1990), Cockburn (1991), Hearn und Parkin (1987), Kanter (1977) und Pringle (1988)(vgl. auch Abschnitt 3) führt Wajcman dies u.a. auf die Be-

---

[56]Die Methapher der „gläsernenden Decke" (glass ceiling) wurde in der US-amerikanischen Literatur zum Thema „Frauen im Management" eingeführt, um sprachlich deutlich zu machen, durch welche informellen, meist nicht offensichtlichen Mechanismen und Prozesse Frauen daran gehindert werden, höchste Positionen der betrieblichen Hierarchie zu erreichen (Davidson und Cooper, 1984). Wichtige Aspekte zur Reproduktion dieser „gläsernene Dekke" sind z.B. der für Frauen meistens nicht vorhandene Zugang zu informellen (Männer-) Netzwerken („Old boys network") und deren Lokalitäten, oder die Tatsache, daß Frauen erheblich geringere Chancen haben, einen Mentor zur Förderung der eigenen Karriere zu finden. In diesem Sinne ist das „Know-who" häufig wichtiger als das „know-how", um die Karriereleiter erklimmen zu können (Hollway, 1996).

deutung von Männlichkeit als symbolische und kulturelle Ressource zur Sicherung von Einfluß und Macht in Organisationen zurück:

> „The dominant symbolism of organisations is suffused with images of masculinity such that a successful organisation is lean, mean, aggressive and competitive with a tough, forceful leader. Managerial work itself is conceptualised as involving constant action, the image is of a fire-fighter dealing with constant pressure, doing rather than thinking - 'action man'. Thus the social construction of management is one in which managerial competence is intrinsically linked to qualities attaching to men. These persistent male stereotypes of management serve to make 'natural', and thereby help to generate, the close identification between men and management. The resulting culture is one that marginalises women: women are out of place in a 'foreign territory'"
> (Wajcman, 1996: 262)

Frauen, die in der Männerdomäne Management eine Karriere anstreben, sehen sich daher häufig gezwungen, einen männlichen Habitus anzunehmen, um Macht und Einfluß zu gewinnen. Die erforderlichen Anpassungsleistungen in diesem Kontext der Organisation fordern häufig einen hohen physischen und psychischen Preis, wie durch psychologische Studien zur Situation von Frauen im Management gezeigt werden konnte:

> „The psychological consequences of patriarchy for professional women are potentially pathological and possibly detrimental to health. This is both for indirect reasons such as ignoring women's special needs in relation to domestic commitments and traditional styles of social interaction, and direct reasons such as overt sexism and sexual harassment. This 'toxic context' constrains women's experience, and although some women achieve success, they pay a dearer price for this than their male equivalent."
> (Nicolson, 1996: 72)

Diese Frauen benachteiligende Organisations- und Managementkultur reproduziert sich aufgrund des sichtbaren Charakters des Top-Managements als „geschlossene Gesellschaft" ('men´s only club', 'old boys network'; vgl. 4.5), der langlebigen Vorurteile der Mitarbeiterinnen und Mitarbeiter gegenüber Frauen im Management, der Abwesenheit einer kontinuierlichen Karriereförderung im Rahmen der Personalentwicklung und aufgrund familiärer Verpflichtungen, die überwiegend Frauen wahrnehmen müssen, weil sich Männer dieser Verantwortung entziehen. Diese Barrieren werden eher von Frauen als von Männern wahrgenommen, was darauf zurückzuführen ist, daß Frauen eher durch diese vergeschlechtlichten und informellen Strukturen und Prozesse benachteiligt werden, als Männer (Wacjman, 1996: 270-273; vgl. auch Coe, 1992). Insbesondere der männerbündische Charakter des Top-Managements in Verbindung mit vorurteilsgesättigten Geschlechterbildern (vgl. 4.5), zusätzlich verstärkt durch massiven Personalabbau im Zuge betrieblicher Reorganisationsmaßnahmen und neuer Managementkonzepte (vgl. 4.2, 4.3 und 4.4) führen dazu, daß Frauen im Management von vielen Organisationsmitgliedern als

Fremdkörper in diesem männlich dominierten Teil der Organisation empfunden werden und am Aufstieg in höchste Positionen der betrieblichen Hierarchie gehindert werden.

> „If jobs themselves are gendered (...), masculinity still constitutes an essential qualification for most managerial positions. The effect for women (...) is that they never seem quite right for the job, or not quite ready, they are too narrow in experience and they can't take the pressure. (...) Women are usually not even thought of when senior jobs are filled. Women do not fit the highly visible stereotype of management that prevails in these companies." (Wacjman, 1996: 274)

Diese Situation scheint sich in den letzten Jahren sogar noch weiter verschärft zu haben, denn im Zuge der „Verschlankung" (Stichwort: Lean Production und Total Quality Management) und radikalen Rationalisierung (Stichwort: Business Reengineering) ganzer Industrien und Dienstleistungsbereiche vor dem Hintergrund eines harten Überlebenskampfes in Branchen mit starker Konkurrenz gehört eine gleichheitsorientierte Personalpolitik in den Augen vieler Organisationen und Unternehmen eher zu einer Art entbehrlichem Luxus. Diese aktuellen Entwicklungen, die im folgenden Abschnitt näher beleuchtet werden, scheinen ein Management zu fordern, daß noch stärker als bisher die Ressource Männlichkeit für seine Zwecke einzusetzen weiß:

> „Many of my interviewees commented that with the 'downsizing', management was returning to a more traditional hierarchical structure, and macho management was again in the ascendancy. One, the most senior woman manager in her company, explained: „The culture of the organisation is becoming much more directive, much more controlled from head office. The word that is being used is discipline (...) and these changes in management style favour a male style" (...) Male managers also expressed concern about the changes that were taking place, for example: „We have returned to the 1960s military style of management by brutality, shouting louder, hit them harder and threaten them to death until they're frightened and they do what they're told." (Wajcman, 1996: 275)

Es muß also unterschieden werden zwischen einer Managementrhetorik, die einen mitarbeiterorientierten und wertschätzenden Stil propagiert (vgl. 4.2 und 4.4), und einer Organisationswirklichkeit, die offensichtlich einem verschärften Überlebenskampf nach der Maxime „survival of the fittest" entspricht und insbesondere Frauen ausgrenzt, diskriminiert und marginalisiert. Der Widerstand von Männern gegen Frauenfördermaßnahmen, begründet in der Angst vor Karrierenachteilen (vgl. Puchert et al., 1995) und dem Gefühl bedrohter männlicher Identität (vgl. Cockburn, 1991), dürfte in diesem Klima, so muß befürchtet werden, noch intensiviert werden.

Wie die vergeschlechtlichten Strukturen und Prozesse im Bereich des Managements zur Reproduktion der Geschlechterhierarchie in Organisationen beitragen und welche historischen Veränderungen im Management dazu geführt haben, daß Männlichkeit eine wesentliche Ressource zur Machtsicherung im Management bleiben konnte, ist Thema des folgenden Abschnitts.

4.2 Das Management als „Bühne" zur Reproduktion „hegemonialer Männlichkeit"

Die kulturell nach wie vor dominierende Vorstellung des Mannes als Versorger, Ernährer und ggf. Beschützer „seiner" Familie gilt trotz mancher Veränderungen im Detail (vgl. 2.6) auch heute noch als wichtigste Ressource zur Absicherung und Begründung einer stabilen männlichen Identität bzw. eines positiven männlichen Selbstwertgefühls (vgl. 2.5). Die häufig sehr eindimensionale Erwerbsarbeitsorientierung bei vielen Männern ist deshalb häufig eng mit dem Ziel eines kontinuierlichen beruflichen Aufstiegs (Karriere) als materieller und symbolischer Beweis für das gelungene „Männlichkeitsmanagement" verbunden. Das Management in Organisationen gilt vor diesem Hintergrund als besonders geeignete „Bühne" zu Reproduktion „hegemonialer Männlichkeit".

Collinson und Hearn (1994) haben einen ersten Entwurf zur systematischen Verknüpfung der Kategorien Männlichkeit(en) und Management vorgelegt, um zu begründen, wie verschiedene Formen bzw. Diskurse von Männlichkeiten zur Reproduktion geschlechtlicher Machtverhältnisse im Management von Organisationen beitragen. Dazu unterscheiden sie zunächst in idealtypischer Weise fünf Männlichkeitsformen bzw. -diskurse, die eine privilegierte Position im Management begründen und absichern können und untersuchen, wie die Suche nach Identifikationsangeboten zur Begründung von Subjektivität bzw. Identität dazu beiträgt, daß die Ressource Männlichkeit die Praxis des Managements in entscheidender Weise prägt und umgekehrt die Praxis des Managements Einfluß auf verschiedene Erscheinungsformen von Männlichkeiten in Organisationen hat.

Die fünf unterschiedlichen Diskurse und Praktiken von Männlichkeit, die mit verschiedenen Managementstilen verbunden sind, bezeichnen Collinson und Hearn (1994: 13 ff.) als (1) **„Authoritarianism"**, (2) **„Paternalism"**, (3) **„Entrepreneurialism"**, (4) **„Informalism"** und (5) **„Careerism"**. Sie unterscheiden diese Idealtypen, um verschiedene Wege zur Reproduktion von Macht und Einfluß in Organisationen beschreiben und angemessen analysieren zu können. Sie betonen gleichzeitig, daß sich viele der hier beschriebenen Praktiken und Prozesse in der Organisationswirklichkeit überschneiden dürften, sich z.T. ergänzen aber auch in Konkurrenz zueinander stehen können, und sich in der Realität selten in dieser idealtypischen Weise nachweisen lassen. Gleichwohl handelt es sich um wirkungsvolle und alltäglich wiederkehrende Aspekte sozialer Interaktionen im Management von Organisationen, die entscheidend zur Reproduktion männlicher Hegemonie beitragen.

(1) „**Authoritarianism**" läßt sich insbesondere bei Managern beobachten, die sich durch geringe Bereitschaft zum Dialog und ausgeprägte Intoleranz gegenüber anderen Überzeugungen auszeichnen. Ein zwanghaftes Kontrollbedürfnis in Verbindung mit der Erwartung, daß die unterstellten Mitarbeiterinnen und Mitarbeiter den diktatorisch verfügten Anweisungen mit größter Disziplin Folge leisten, führt zu einem Klima der Angst und der Bedrohung. Eine Quelle dieser brutalen und aggressiven Form des Managements, die u.a. von Morgan (1986) und Pascale und Athos (1982) näher beschrieben wurde, ist ein Verständnis von Männlichkeit, welches die Einschüchterung, Bedrohung und Herabsetzung alles Fremden für die Absicherung und Begründung männlicher Identität einsetzt:

> „It (aggresssive masculinity; R.L.) is a primary source of identification with and differentiation from others. Hostility is aimed at those who fail to comply with this aggressive masculinity, e.g. women and any men as individuals or in groups that possess little institutional power and status (e.g. black people). In dismissing these groups as 'weak', those who invest in authoritarianism try to differentiate and elevate their own masculine identity and power." (Collinson und Hearn, 1994: 13)

(2) Paternalism betont den beschützenden Charakter männlicher Autorität und gründet sich auf Vorstellungen, die den traditionellen Familienwerten und -strukturen entlehnt sind, wenn beispielsweise die Metapher des autoritär-disziplinierenden, aber auch freundlich-hilfreichen und weisen Familienvaters genutzt wird, um die männliche (bzw. väterliche) Vorherrschaft zu legitimieren. Paternalistische Managementprinzipien und -praktiken betonen die besondere Bedeutung persönlicher und vertrauensvoller Beziehungen im Unternehmen und von den Mitarbeitern wird häufig ein großes Maß an freiwilligem Engagement in der Berufstätigkeit erwartet, was möglichst mit einem hohen Identifikationsgrad mit dem Betrieb einhergehen soll. Macht und Kontrolle wird in diesem Verständnis von Management nur ausgeübt, um die Untergebenen (vor sich selbst?) zu schützen und sie mit den Früchten ihrer Arbeit belohnen zu können. Auch paternalistisches Management nutzt Männlichkeit als Machtressource, allerdings in anderer Form als die vorher beschriebene Form des aggressiv-autoritären Managements:

> „Investing in paternalism, managers seek to differentiate themselves from women and identify with other men. Older men in particular are likely to be paternalistic towards their younger male colleagues. Maddock and Parkin (1993) term this 'The Gentleman's Club': a polite, 'civilized' and exclusive male culture where women (and indeed younger men) are kept firmly in established roles by older male managers who are courteous and humane. So long as women conform to conventional notions of female identity, they will experience little hostility. Within these protective practices, women are treated as too 'delicate' and 'precious' to be involved in the so-called harsh world of business (Collinson and Knights, 1986). Such practices can be traced back to a 19th century middle class conception of masculinity in which men are expected to behave

in accordance with 'gentlemanly principles' and where authority was ascribed on the basis of seniority, social privilege and birthright." (Collinson und Hearn, 1994: 14)

(3) Entrepreneurialism bezieht sich auf einen konkurrenz- und kampforientierten Zugang zum Handeln in Organisationen, das streng nach betriebswirtschaftlichen Kriterien ausgerichtet wird. Erste Priorität haben kostengünstige, effektive und effiziente Strukturen und Prozesse, die über individuell zurechenbare Leistungsvorgaben durch „olympiareife Hochleistungsteams" oder „Einzelkämpfer" erreicht werden sollen. Das Ziel ökonomischer Effizienz durch strikte Leistungskontrollen des Managements wird propagiert, um neue Märkte zu erobern und den Profit des Unternehmens zu mehren. Dieser Stil, der sich in aktuellen strategischen Managementkonzepten wiederfinden läßt und sich durchaus mit modernen, pragmatisch eingesetzten Sozialtechniken zur instrumentellen Beeinflussung von Mitarbeiterinnen und Mitarbeitern verträgt (im Gegensatz zu einem Manager mit autoritärem Stil, der diesen „Sozialklimbim" eher belächeln würde), kann ebenfalls auf Männlichkeitsvorstellungen bezogen werden, die einem hegemonialen Muster entsprechen, männliche Identität absichern hilft, und sowohl Frauen als auch „abweichende" Männer diskriminiert:

> „Within this discourse, men as managers identify with other men who are as competitive as themselves, willing to work at a similar pace, endure long hours, be geographically mobile and meet tight production deadlines. These requirements tend to exclude some men who are not considered 'man enough' or predatory enough to satisfy them and most women, whose employment, particularly in senior positions, is often seen as incompatible with entrepreneurial concerns." (Collinson und Hearn, 1994: 14)

Insbesondere ältere Manager, die eher einem autoritären oder paternalistischen Managementstil anhängen, dürften Schwierigkeiten bekommen, mit diesem individualistischen und konkurrenzorientierten Stil Schritt zu halten. So ist es heute keine Seltenheit, daß Männer über 45 Jahren in vielen Bereichen mit markt- und verkaufsorientierten Tätigkeiten und v.a. im mittleren Management, wo der zunehmende Leistungs- und Konkurrenzdruck besonders spürbar wird, große Schwierigkeiten haben, ihre Positionen zu halten. Gleichzeitig wird das Berufsleben jüngerer Männer durch diese gestiegenen Anforderungen ebenfalls zum risikoreichen Balanceakt:

> „For the younger men who remain, their performance is likely to be increasingly monitored, evaluated and stratified. Embroiled in the struggle to be constantly productive and achieving, their masculine identities are likely to be precarious and insecure 'constantly preoccupied with purposive action in the drive to be 'in control'" (Kerfoot und Knights, 1993: 671)

Themen wie Schwangerschaft und Verantwortung für häusliche und familiäre Bereiche sind in diesem Diskurs tabuisiert, denn alle Kraft soll dem Erfolg im Beruf zum persönlichen und unternehmerischen Nutzen geopfert werden. Es liegt auf der Hand, daß nur die Frauen in diesem Milieu eine Entwicklungschance bekommen, die sich am männlichen Erwerbsmodell und den männlich konnotierten Verhaltensweisen des Unternehmens orientieren, ohne Rücksicht auf eigene Ansprüche und Erwartungen an die Berufstätigkeit (Collinson und Knights, 1986).

(4) Informalism zeigt sich in vergeschlechtlichten, meist informellen Verge-meinschaftsungsprozessen, die sich auf gemeinsame männliche Interessen und geteilte Werte beziehen (z.b. Cockburn, 1983; Collinson, 1992). In diesen in-formellen Beziehungen zwischen Männern geht es darum, sich zum einen mit den anderen Männern der Gruppe bzw. Gemeinschaft zu identifizieren und sich zum anderen sowohl von Männern, die aus verschiedenen Gründen nicht zu dieser Gemeinschaft gehören sollen, als auch von Frauen abzugrenzen. Beliebte Themen solcher Zusammenkünfte sind typischerweise Sport, Autos, Sex, Wit-ze, Frauen und Alkohol. Bevorzugte Orte für diese besonders vom Management (aber nicht nur dort) geschätzten homosozialen bzw. männerbündischen Grup-penbildungen sind neben den unternehmensinternen Räumlichkeiten insbeson-dere Golf-, Tennis- und Squashclubs, Kneipen, Tagungshäuser und Hotels (Collinson und Hearn, 1994: 14). Da ich im Abschnitt 4.5 noch genauer auf die These des „Managements als Männerbund" eingehe und die damit zusammen-hängenden Prozesse näher beleuchte, sollen hier diese kurzen Ausführungen genügen.

(5) Careerism bezieht sich auf die häufig bei Männern beobachtbare scho-nungslose Aufstiegsorientierung, verbunden mit dem Wunsch, eine Karriere im harten Konkurrenzkampf zu machen, um dadurch nicht zuletzt einen Nachweis für den Erfolg des eigenen (Identitäts-) Managements bzw. für die Absicherung des männlichen Selbstwertgefühls zu erbringen. Konkurrenz- und Karriereori-entierung und die damit einhergehende Strategie eines „Impression Manage-ment" (also das Vortäuschen von Qualifikationen, die i.d.R. nicht die tatsäch-lich vorhandenen Fähigkeiten und Kompetenzen widerspiegeln) sind unter Männern in vielen Organisationen und Unternehmen so stark verbreitet, daß es fast mit tradierten Vorstellungen des Mannes als Ernährer, Versorger und Be-schützer der Familie und den damit zusammenhängenden Orientierungen (männliches Erwerbsmodell; Abwesenheit von Haus- und Familienarbeit usw.) gleichgesetzt werden kann. Gleichwohl birgt diese eindimensionale Verknüp-fung männlicher Idenität mit dem Ziel eines stetigen Aufstiegs in der Unter-nehmenshierarchie das Risiko, im Falle eines Scheiterns aller Pläne keine ande-ren Ressourcen zur Stabilisierung des gekränkten Selbstwertgefühls nutzen zu können. Die ständige Gefahr des Scheiterns im Auslesekampf um höchste Posi-tionen der Hierarchie wird von Männern häufig als existentielle Bedrohung er-fahren und immer wieder wird von spektakulären Fällen berichtet, wo sich Ma-nager in letzter Konsequenz nicht anders als durch Suizid zu helfen wissen. Gleichzeitig führt eine starke Karriereorientierung aufgrund der hohen Arbeits-belastungen (viele Überstunden, enge Zeitvorgaben, häufige Reisen, ständige

Weiterbildungsmaßnahmen, hohe Erwartungen an Flexibilität und Mobilität usw.) in vielen Fällen zu einer schleichenden Entfremdung von allen Bezügen jenseits des Unternehmens.

„Paradoxically, attempts to create a corporate culture in the workplace can therefore distance aspiring men from their own domestic concerns and responsibilities. The search for the 'happy family' in employment may be at the cost of an increasingly unhappy family in the domestic sphere. In consequence, the pressure to conform to corporate demands, combined with individuals' own concern with career progress, creates deep-seated divisions, not only between men employees, but also between their paid work and home life." (Collinson und Hearn, 1994: 15)

Die hier beschriebenen Trennungen und Unterschiede zwischen Formen von Männlichkeiten, die sich in Organisationen (und anderswo) beobachten lassen und insbesondere im Bereich des Managements zu einer Quelle von Konflikten zwischen Einzelpersonen oder Gruppen unterschiedlicher Managementphilosophien werden können, widersprechen früheren sozialwissenschaftlichen Analysen des Managements, die die Einheitlichkeit und Homogenität des Managements betont hatten (vgl. z.B. Braverman, 1974; Edwards, 1979). Unterschiedliche Vorstellungen vom „richtigen" Managementstil können zu starken dysfunktionalen Irritationen im Management führen und die innerbetrieblichen Interaktionsprozesse stark behindern oder gar lähmen.[57] Die obigen Ausführungen zeigen,

„that multiple masculinities may well shape the motives, processes and outcomes of these intra-managerial conflicts for organizational power, status and identity. The growing literature on difference, division and conflict within managerial hierarchies (e.g. Child, 1985; Hyman, 1987; Armstrong, 1984,1986) has tended to neglect the influence of masculinities within and between managerial hierarchies despite the latter's continued dominance by men. It has also failed to address the way that these managerial alliances, differences and conflicts are likely to shift considerably over time and place." (Collinson und Hearn, 1994: 16)

Der hier angedeutete weitere Forschungsbedarf zur Bedeutung von Geschlechterverhältnissen im Management mit besonderem Blick auf die soziale Konstruktion von Männlichkeiten zur Erklärung der Reproduktion geschlechtshierarchischer sozialer Prozesse in Organisationen ist bislang kaum erkannt worden. Eine Ausnahme bilden die empirischen Forschungen von Kerfoot und Knights (1993, 1995a, 1995b, 1996) bzw. Knights (1995) zum britischen Finanzdienstleistungsbereich, die weitere Einblicke in die historische Genese vergeschlechtlichter Strukturen und Prozesse des Managements von Organisationen ermögli-

---

[57]Spätestens hier dürften die vielfältigen Angebote der Unternehmensberatungsfirmen ansetzen. Allerdings sind deren Ansätze ebenfalls häufig durch „geschlechtsblinde" Vorgehensweisen gekennzeichnet, was im Lichte der hier vorgetragenen Erkenntnisse zu eingeschränkten oder völlig unzureichenden Lösungsempfehlungen führen dürfte...

chen. Ihre Forschungsergebnisse sollen deshalb im folgenden Teil dieser Arbeit dargestellt werden.

4.3 Historischer Wandel und soziale Dynamik von Management und Männlichkeit: Von paternalistischen zu strategischen Managementkonzepten

Kerfoot und Knights (1993, 1995a, 1995b, 1996) zeigen mit ihren Analysen, auf welche Weise die historisch veränderbaren Formen, Stile und Kulturen des Managements in Organisationen bzw. Unternehmen mit vergeschlechtlichten Strukturen und Prozessen verknüpft sind, die entscheidend durch soziale Konstruktionen unterschiedlicher Männlichkeitsformen als Quelle von Macht und Einfluß gekennzeichnet sind. Sie kontrastieren aufgrund ihrer empirischen Forschungsarbeiten im britischen Finanzdienstleistungsbereich ältere, „paternalistische" Managementstile mit neueren „strategischen" Managementkonzepten, arbeiten deren Gemeinsamkeiten und Unterschiede heraus, und fragen nach den Konsequenzen dieses historischen Wandels für die Praxis von Management und Männlichkeiten. Ihrem Argumentationsgang folgend werden hier zunächst die historische Genese des Managements und die Bedeutung der Kategorie Männlichkeit in diesem Prozess nachgezeichnet, um daran anknüpfend die Frage zu erörtern, ob moderne Formen des Managements auch in Zukunft ohne große Probleme auf die Ressource Männlichkeit zurückgreifen können, oder ob durch die mancherorts postulierte „Feminisierung der Arbeitswelt und des Managements" im Zuge der Reorganisierung von Organisationen und Unternehmen ein Bedeutungsverlust männlicher Organisations- und Managementlogik erwartet werden kann.

Paternalistische Managementformen entwickelten sich zum Ende des 19. Jahrhunderts im Zuge der fortschreitenden Industrialisierung und basierten auf philanthropischen und religiösen Werten und Haltungen, die dem physischen, moralischen, sozialen und spirituellen Wohlergehen der beschäftigen Arbeiter und Arbeiterinnen große Beachtung schenkten (Weber, 1972). Der Eigentümer, später zunehmend durch angestellte Manager ergänzt oder ersetzt, sorgte nach diesem Verständnis wie ein väterlicher Beschützer für die Mitglieder seines „industriellen Haushalts" bzw. seiner „Familie"; Metaphern, die in diesem Kontext gerne genutzt wurden, um den besonderen Charakter dieser Grundüberzeugungen deutlich zu machen. Die Dominanz, Machtfülle und Entscheidungsgewalt des paternalistischen Managements (die patriarchale Verhältnisse in damaligen Familien widerspiegelten) wurde durch die verbreitete Überzeugung legitimiert, daß dies letztlich dem Schutz und Nutzen der Beschäftigen diene und diese im übrigen nicht über die nötigen Kenntnisse und Fähigkeiten verfügten, harte aber notwendige geschäftspolitische Entscheidungen zu treffen. Paternalistische Ansätze im britischen Finanzdienstleistungsbereich lassen sich bereits im 19. Jahrhundert bei Sparkassen und Versicherungen nachweisen, wo eine kleine männliche Elite („The great and the good") im Stile des vollendet zivilisierten britischen Gentleman über die geschäftlichen Belange wachten (Kerfoot und Knights, 1993: 665 f.; vgl. auch 4.2).

Kerfoot und Knights konnten Elemente dieses paternalistischen Managementstils im britischen Finanzdienstleistungsbereich auch in der Gegenwart beobachten. Sie beschreiben aber zugleich einen seit etwa 1960 zunehmenden Wandel in Richtung strategisches Management (vgl. auch Roper, 1994).[58] Das rauhere Fahrwasser, in das Banken, Versicherungen und Bausparkassen in den folgenden Jahren gerieten (größere Konkurrenzdruck durch Deregulierungspolitik im Inland (z.B. Building Societies Act, 1986, Financial Services Act, 1986); aggressive internationale Konkurrenz (Stichwort: Maastricht/Europäische Union) in Verbindung mit „Allfinanz"-Konzepten als grenzüberschreitende Bedrohung ehemals sicherer Märkte usw.) führte dazu, daß sich viele Unternehmen strategische Ansätze des Managements zu eigen machten. Strategisches Management basiert auf älteren bürokratischen Prinzipien, weil die systematische Erfassung, Beschreibung, Berechnung und Kontrolle aller internen und externen Geschäftsvorfälle inklusive der menschlichen Arbeitskräfte angestrebt wird (vgl. z.B. Hoskin, 1990; Knights und Willmott, 1990). Die neue Qualität zeigt sich in der umfassenderen, aber in der Wirkung ähnlich disziplinierenden Einbindung aller Beschäftigten eines Unternehmens bei der Leistungserstellung und der angestrebten kontinuierlichen Verbesserung von Qualität und Kundenzufriedenheit.

> „Strategic management aims to 'cascade' decision-making responsibility down the hierarchy so as to engage staff at various levels in the business. Whereas staff in paternalist companies are simply expected to execute the decisions handed down to them from 'on high', the adoption of strategic management imposes demands upon all members of the organization to be more directly concerned with the immediate success of particular business initiatives, and the longer term survival and strength of the overall enterprise." (Kerfoot und Knights, 1993: 668 f.)

Sowohl das paternalistische als auch das strategische Managementkonzept nutzen soziale Konstruktionen von Männlichkeiten zur Begründung und Legitimation geschlechtshierarchischer Strukturen und Prozesse. Paternalistische Praktiken im Management gründen auf der Annahme, daß der hier verkörperten zivi-

---

[58]Dieser Wandel zum strategischen Management im Finanzdienstleistungsbereich kam im Vergleich zu Entwicklungen in industriellen und produzierenden Bereichen verhältnismäßig spät, was u.a. auf die vergleichsweise günstigen Marktbedingungen zurückzuführen ist (z.B. aufgrund von steuerlichen Privilegien bei Versicherungen und Bausparkassen bzw. aufgrund der Existenz von Strukturen im Bankenbereich, die Kartellen ähnelten und Absprachen zur Geschäftspolitik möglich machten)(Kerfoot und Knights, 1993: 666)

lisierten Männlichkeit[59] das Privileg der Führerschaft gleichsam „natürlich" zugewiesen wurde und insbesondere Frauen vor der schonungslosen Wirklichkeit
von Wirtschaft und Politik im industriellen Konkurrenzkapitalismus geschützt
werden müssen, um ihre sexuelle und moralische „Reinheit" nicht zu gefährden
(Jeffreys, 1985; Nead, 1988). Die hier teils verborgen, teils offen zur Schau ge-
stellte elitäre Selbstgefälligkeit wird vor dem Hintergrund der wenig bedrohten
hegemonialen Position dieser Männer in patriarchal strukturierten Gesellschaften erklärbar (Kerfoot und Knights, 1993: 671).

Eine konkurrenz- und aufstiegsorientierte Männlichkeit, die im strategischen
Management eine unentbehrliche Quelle des Erfolges zu sein scheint, zeichnet
sich durch ein überdurchschnittliches Kontrollbedürfnis und das ständige Stre-
ben nach materiellem und symbolischem Erfolg aus, und basiert auf einer entkörperlichten und emotionslosen Vorstellung instrumenteller Vernunft, die eine
sichere und stabile männliche Identität begründen soll und die existentiellen
Unsicherheiten, die sowohl der Manager als Mann, als auch den Mann als Manager plagen, erträglich machen soll.

> „Managerialism is a rhetoric (...) grounded in a masculine preoccupation with control,
> conquest and continuity that derives from an unacknowledged desire of managers to
> secure their fragile selves in orderly relations and abstract, exhaustive knowledge. It is
> therefore driven by the search for, and adoption of, new innovations that promise not
> only to resolve the problems of a previous technology but also to be the ultimate pa-
> nacea in this pursuit of an illusory security and totalizing knowledge." (Knights, 1995)

> „In this sense „the best is yet to come" is the illusion of perfect security, contentment
> and control that pushes masculinity toward ever more heroic and self-sacrificing
> struggles. Corporate capitalism is both the vehicle for the expression of this masculi-
> nity and a major driving force. For in elevating competitive success and the ethic of
> accumulation (...) as **the** reason for existence, the capitalist corporation provides a le-
> gitimate outlet for masculine preoccupations with conquest and control. But (...) it also
> reproduces the conditions that sustain masculinity." (Kerfoot und Knights, 1996: 9)

Diese Form der gegenwärtig stark verbreiteten Männlichkeitsform wurde von
Seidler (1989) näher beschrieben:

> „He (Seidler, R.L.) described this form of control as one that equates with reason, lo-
> gic and rational process; generates and sustains a hierarchy imbued with instrumenta-
> lism, careerism and the language of 'success'; stimulates competition linked to decisi-
> ve action, 'productivism' and risk-taking; and renders sexual and bodily presence ma-
> nifest through physicality, posture, movement and speech." (Kerfoot und Knights,
> 1993: 671; vgl. auch Bologh, 1990).

---

[59]Es soll nicht unerwähnt bleiben, daß die hier verkörperte „zivilisierte" Männlichkeit in vie-
len Fällen ebenfalls repressiven Charakter hatte, der insbesondere Frauen aber auch einige
Männer (z.B. junge Männer, proletarische Männer, schwarze Männer, schwule Männer) zu
Objekten autoritär-patriarchaler Gewalt werden ließ.

Genau die hier beschriebenen Charakteristika einer konkurrenz- und aufstiegsorientierten Männlichkeit konnten Kerfoot und Knights im Rahmen ihrer empirischen Forschungsarbeiten in Unternehmen des britischen Finanzdienstleistungsbereichs in zunehmendem Maße beobachten. Je stärker die Manager in den von ihnen untersuchten Banken, Bausparkassen und Versicherungen diesem Männlichkeitsbild bzw. -diskurs entsprachen, desto eher konnten sie ihren Anspruch auf Führung, Definitionsmacht und Hegemonie durchsetzen. Während paternalistische Vorstellungen eine selbstgefällige und „in sich ruhende" Form von Männlichkeit dokumentieren, die sich wenig um Fragen der innerbetrieblichen Konkurrenz und des individuellen Aufstiegs kümmern muß, ist Männlichkeit im Rahmen des strategischen Managements im ständigen Kampf um Einfluß, Sozialprestige, Macht und Karriere eingebunden. Der Wunsch zu erobern, zu kontrollieren, zu dominieren und die Welt nach rationalen Prinzipien zu ordnen, scheint für diese Männlichkeit der einzige Weg zu sein, einen Bezug zur Welt herzustellen und sich vom eigenen Selbstwert zu überzeugen („A man is not a man without a plan").

Das Kontrollbedürfnis bezieht sich auch auf die eigene Person, die sich mit größtmöglicher Selbstdisziplin und Selbstkontrolle den ständigen Herausforderungen zu stellen hat. Der Zwang zum persönlichen Erfolg und Aufstieg und der ständig geforderte Nachweis individueller Kompetenz und effizienter Aktivität im wertenden Blick der übrigen Mitstreiter, der Vorgesetzten und der unterstellten Beschäftigten lassen alle übrigen menschlichen Aspekte wie Verletzbarkeit, Schwäche, Emotionalität, Leidenschaft, Angst, Ungewissheit, Passivität und Intimität/Sexualität zur Bedrohung werden, so daß diese Anteile verdrängt und unterdrückt werden müssen (Seidler, 1989: 44-71; Burrell, 1992). Dies führt dazu, daß insbesondere Frauen, aber auch Männer, die dem Bild konkurrenzorientierter Männlichkeit nicht entsprechen können oder wollen, von Benachteiligungen und Diskriminierungen betroffen sind. Es bietet aber auch für alle Männer, die diesem Ideal nacheifern, keinen „sicheren Hafen" zur Begründung ihrer Identität.

> „Men are caught in a circle of securing themselves through presenting a successful image to others. But the cost of maintaining this facade can run high; a price is anxiety and fear, of their own sexuality, of 'real' intimacy and of those masculinities and feminities which can be a threat in representing an open manifestation of sexuality and intimacy." (Kerfoot und Knights, 1993:672)

Es wurde im zweiten Abschnitt dieser Arbeit argumentiert, daß Identität und Subjektivität bezogen auf Geschlecht (und auf andere Merkmale der Person) stets neu und diskursiv herzustellende Produkte bzw. „Projekte" täglichen Handelns sind, immer in Entwicklungsprozessen eingebunden, von labiler Qualität und vor dem Hintergrund dieses prekären Charakters ständig bedroht. Bezogen auf Entwicklungen von Männlichkeiten im Management zeigt sich, daß paternalistische Orientierungen zunehmend durch konkurrenz- und aufstiegsorien tierte Haltungen im Rahmen strategischer Managementkonzepte abgelöst werden, was belegt, daß hegemoniale Positionen keineswegs unveränderlich sind, sondern ein ständiger Kampf um Hegemonie geführt wird (Roper, 1994; Kerfoot und Knights, 1996). Diese modernisierte Form hegemonialer Männlichkeit findet im Kontext des Managements eine ideale „Bühne" zur Reproduktion einer emotional distanzierten, von anderen und von sich selbst entfremdeten Subjektivität, die alle sozialen Interaktionsprozesse zu kontrollieren bzw. zu steuern sucht, um die fundamentalen Unsicherheiten und Unwägbarkeiten sowohl im Management als auch bezogen auf Männlichkeit „in den Griff zu bekommen".

> „This form of masculinity is a disembodied, self-estranged and socially disengaged mode of being wherein alternative relationships with self and others are displaced by the desire to control and to use others instrumentally in its service. Thus, masculine subjects 'know no other' than control and the instrumental use of others to secure that control, however momentary or precarious. In addition, masculine subjects control not least themselves. The self thus acquires the status of a project to be worked upon, policed for weaknesses, fought against, pushed and honed to meet the refinements of the ideal - this in spite of the often very real sensation of fear, weakness or failure to live up to the image of the masculine ideal. This then is the dynamic process through which self-estrangement is sustained, and disembodiment is produced and reproduced."
> (Kerfoot und Knights, 1996: 23 f.)

Dieser Zusammenhang könnte Männer im Management vor dem Hintergrund aktueller Veränderungen in vielen Organisationen und Unternehmen vor unerwartete Probleme stellen, denn seit etwa 15 Jahren werden im Zuge betrieblicher Reorganisationsmaßnahmen und neuer Managementkonzepte die besondere Bedeutung sog. „weicher" Erfolgsfaktoren wie z.B. „soziale und kommunikative Kompetenzen", „Teamfähigkeit" oder „Emotionsarbeit" stärker als bisher betont (vgl. z.B. Kanter, 1990; Manthey, 1991, 1993; Hochschild, 1990). Die wachsende Bedeutung sozialer Beziehungen und die steigenden Anforderungen an eine kompetente Ausgestaltung sozialer Interaktionsprozesse in Organisationen und Unternehmen könnte, so die These von Kerfoot und Knights (1996; vgl. auch Knights 1995), in Widerspruch zu hegemonialen Formen konkurrenz- und aufstiegsorientierter bzw. paternalistischer Männlichkeiten im Management (aber nicht nur dort) geraten. Kündigt sich hier, so könnte die zugespitzte Frage lauten, ein „neuer Manager" als „neuer Mann" an? Und wenn ja, was bedeutet dies für Geschlechterverhältnisse im Management von Organisationen?

4.4 Der „neue Manager" als „neuer Mann"?

Der Trend zu neueren Formen der Führung von Unternehmen gründet sich auf radikalen Reorganisationsmaßnahmen v.a. in Industriebetrieben und im Dienstleistungsbereich (inzwischen auch zunehmend im öffentlichen Dienst) und führte in vielen Unternehmen zu einschneidenden arbeitsorganisatorischen Veränderungen, die i.d.R. mit technologischen Innovationen einhergehen (v.a. Informations- und Kommunikationstechnologie). Diese arbeitsorganisatorischen Veränderungen lassen sich in aller Kürze mit Hilfe der folgenden Stichpunkte beschreiben: [60]

- tendenziell flachere Hierarchien,

- Denzentralisierung von Kompetenzen und Entscheidungsbefugnissen (Rückverlagerung von Führungsaufgaben in Selbstorganisation),

- insgesamt „schlankere", dynamischere und flexiblere Betriebsstrukturen,

- vermehrt projektorientierte Arbeitsprozesse in kleinen, leistungsfähigen Gruppen bzw. Teams,

- verbesserte (direkte) Partizipationsmöglichkeiten,

- höhere Eigenverantwortlichkeit bei Entscheidungsfindungs- und Qualitätssicherungsprozessen,

- Einrichtung von sog. Qualitätszirkeln

Der „ganze" Mensch wird in Organisationen bzw. Unternehmen als „Gemeinschaft" (Womack et al., 1992) mit all seinen Fähigkeiten und Kompe-

---

[60]Diese Entwicklungen und Konzepte, die z.T. wie „Innovationswellen" (Marchington et al., 1993) über die Unternehmen und das Management „hinwegschwappen" (aber dennoch ihre Spuren hinterlassen!), werden gerne mit Schlagworten der „Management-Gurus" verkauft (z.B. Peters und Waterman, 1982; Pascale und Athos, 1982). Begriffe, die starken modischen Schwankungen unterliegen und ihre begrenzte Originalität offenbaren, wenn sie aneinandergereiht werden. Derzeit sind besonders folgende Ansätze mit z.T. japanischen Vorbildern populär: Total Quality Management, Change Management, Systemische Rationalisierung, KAIZEN/KVP, Business Reengineering, Lean Production, Chaos Management, Liberation Management, Partizipatives Management, Corporate Identity und Unternehmenskultur. Im Kern geht es bei all diesen Ansätzen um das Ziel der Produktivitätssteigerung durch konsequente Nutzung neuer Technologien in Verbindung mit der umfassenden Einbindung aller Arbeitskräfte bei der Leistungserstellung insbesondere durch eine „vergemeinschaftende Personalpolitik" (Krell, 1993) und letztlich finden sich ähnliche Sachverhalte mit anderen Worten in jedem dieser Konzepte wieder (vgl. z.B. Baethge et al., 1995; Müller-Jentsch, 1993; Lang und Ohl, 1993; Clegg, 1990). „Die Forderung geht dahin, die Unternehmen sollten Abschied nehmen vom eindimensionalen Denken, vom naiven Glauben an Strategie, Planung, Bürokratie und Organisation. Empfohlen wird die Orientierung an der Selbstverantwortung, dem Bewußtsein, der Wahlfreiheit, Kreativität, Liebe und dem Miteinander, der Ganzheitlichkeit, Vernetzung und den Visionen." (Manthey, 1991, 50)

tenzen inklusive der besonderen Qualifikationen aus der privaten Welt für Unternehmenszwecke gebraucht und dem Management wächst die Aufgabe zu, diesen Transformationsprozess kompetent zu initiieren, zu planen, durchzuführen und den Erfolg sicherzustellen. Die Vision der idealen Führungskraft zeichnet sich durch handlungs- und durchsetzungsfähige Autorität (bestenfalls verbunden mit charismatischer Ausstrahlung) aufgrund fachlicher und sozialer Kompetenzen aus. Die Führungskraft soll durch gelebte Werte und ein hohes Maß an Selbstakzeptanz und Selbstreflexivität überzeugen. Sie wirkt auf die Mitmenschen durch kreative und innovativ-visionäre Fähigkeiten anregend und mitreißend. Die ideale Führungskraft arbeitet gerne mit selbstbewußten Mitarbeiterinnen und Mitarbeitern zusammen, vertraut auf deren Kompetenzen, wünscht sich kreativen Wettstreit statt destruktiver Konkurrenz, stiftet Sinnhaftigkeit und wirkt aufgrund gut ausgebildeter Wahrnehmungssensibilität (aufmerksam, einfühlsam, zugewandt, offen und diskursiv orientiert usw.) integrativ und bestärkend (Manthey, 1991: 48 f.).[61]

Abgesehen von der Frage, ob diese Vision einer idealen Führungskraft im Alltag überhaupt realisiert werden kann, tangieren „schlankere" Betriebsstrukturen und die obigen arbeitsorganisatorischen Veränderungen das Selbstverständnis und die hierachische Position des Managements, denn die angestrebten flacheren Hierarchien können z.B. für weite Teile des mittleren Managements bedeuten, daß diese Positionen entweder entfallen können und die betroffenen Positionsinhaber bzw. inhaberinnen entlassen werden, oder daß die Führungskräfte zunehmend eine gleichberechtigte und deshalb ungewohnte Rolle in vernetzten team- und projektorientierten Arbeitsstrukturen einnehmen müssen. Es stehen also Besitzstände der Führungskräfte (Statusprivilegien, Symbole der Exklusivität usw.) zur Disposition und für Unternehmen kann dieser Prozeß mit dem Risiko der Desintegration ihrer „strategischen Reserve" verbunden sein (Baethge et al., 1995: 19).

> „In place of the 'old' order then, hierarchically flatter, horizontal structures are to be found which draw on peer networks cemented by greater autonomy and responsibility under the rubric of empowerment, participation and increased involvement. Conventional forms of managerial control and supervision are thus rendered problematic amid

---

[61]Ein Indiz für die breite Akzeptanz dieser visionären Vorstellungen einer idealen Führungskraft ist der boomende Weiterbildungsmarkt für Führungskräfte, wo z. Zt. das Training sozialer, affektiver, selbstreflexiver und problemorientierter Fähigkeiten neben den traditionellen Themenfeldern eine wachsende Bedeutung erlangt (vgl. z.B. Inserate und Berichte zu bzw. über Weiterbildungsangebote für Führungskräfte in der Zeitschrift „ManagerSeminare"). Obwohl es bei diesen Seminaren häufig um persönlichkeitsorientierte Lernprozesse geht, die sozusagen „unter die Haut" gehen sollen, scheint eine offene, selbstreflexive und kritsche Auseinandersetzung mit Weiblichkeit oder Männlichkeit weitestgehend ausgeklammert zu werden (Manthey, 1991: 53 ff. und 1993: 35 f.).

the legions of project groups, multi-function work groups and forms of team working."
(Kerfoot und Knights, 1996: 26)

Modernes Management zeichnet sich demnach durch die Fähigkeit aus, zunehmend autonom zusammenarbeitende Arbeits- und Projektgruppen zu initiieren, zu motivieren, durch Anregungen den gruppeninternen Arbeitsprozess zu unterstützen bzw. bei ggf. auftretenden Konflikten zu vermitteln und zu schlichten, damit das produktive Potential der Arbeitskäfte voll ausgeschöpft werden kann und das häufig auftretende hohe Maß an „inneren Kündigungen" verringert wird. Durch neue, meist ideelle Anreizsysteme (Sinnstiftung) soll das Management die Einsatzbereitschaft der Beschäftigten nachhaltig fördern (Manthey, 1991:50). Diese eher helfende, moderierende und unterstützende Haltung begründet ein anderes Persönlichkeits- und Qualifikationsprofil von Führungskräften, als im Modell des kontrollierenden und disziplinierenden Managers bzw. Managerin im Rahmen des strategischen Managements beschrieben wurde. Die Führungskraft als Experte bzw. Expertin für die sozialen Kommunikations- und Interaktionsprozesse im Betrieb soll sich im Rahmen der neuen Organisations- bzw. Unternehmenskultur selbst als kreativer, innovativer, aber auch einfühlsamer und verletzlicher Mensch sozusagen „mit Haut und Haaren" zeigen und engagieren, was die bisher stärker verbreitete, bewußt distanzierte Form des kontrollierenden Managements zunehmend fragwürdig erscheinen läßt. Das propagierte „plastische Selbst" (Weber, 1993: 218) schlägt sich im Leitbild des „neuen Managers" mit quasi androgynen Persönlichkeitszügen und Verhaltensweisen nieder.

Wenn es stimmt, daß die bislang dominierende distanz- und kontrollorientierte Form des Managements mit einer selbst-entfremdeten und entkörperlichten Form von konkurrenz- und aufstiegsorientierter Männlichkeit kompatibel ist (s.o.), dürfte der hier skizzierte Trend zu einer Managementpraxis, die soziale und kommunikative Kompetenzen und eine auf soziale Beziehungen fokussierte veränderte Haltung erfordert, von vielen Akteuren im Management, insbesondere von männlichen Managern, als existentielle Bedrohung empfunden werden, denn im Gegensatz zu Zahlen, Daten und Statistiken zeichnen sich zwischenmenschliche Beziehungen v.a. durch ungewisse, kaum vorhersehbare und schwer zu kontrollierende dynamische Prozesse aus. Mit dem neuerdings propagierten Managementstil könnte, so die Vermutung, eine tendenzielle Korrektur von Strukturen und Prozessen geschlechtlicher Segregationsbildung im Management verbunden sein. Sogesehen verbirgt sich hinter der Debatte um neue Führungsstile und um das Thema „Frauen im Management" das eigentliche, heimliche Thema der Krise der Männlichkeit als Ressource und Fundament des Handelns im Management.

> „In order that managers may engage more fully with those under their supervision, they have to first become more comfortable with themselves, no longer hiding from scrutiny and judgement of others with respect to their social skills. Masculine preoc-

cupations leave individuals illequipped to break from the grip of self-estrangement and disembodiment and thus generate a sense of subjective well-being appropriate to new circumstances. 'Managing at a distance' has traditionally provided a smokescreen from the flaws or cracks in the social abilities of masculine subjects who are at once threatened by the calls for human engagement presented by new methods of managing wherein the role of social relationship is paramount." (Kerfoot und Knights, 1996: 28)

Vermutlich dürften gerade Führungskräfte, die aufgrund ihrer beruflichen, betrieblichen und privaten Sozialisationserfahrungen zu einem besonders rigiden Führungsstil mit einem Schwergewicht auf Kontolle und Disziplinierung der untergebenen Beschäftigten neigen, Schwierigkeiten haben, sich diesen neuen Anforderungen zu stellen. Gleichzeitig dürfte es Führungskräfte geben, die sich vordergründig auf diesen veränderten Managementstil einlassen, aber in der Praxis verschiedenste Sozialtechniken (z.B. Qualitätszirkel, Moderationsmethode, Plan- und Rollenspiele, Konfliktmanagement) in einer Weise einsetzen, die im Kern einem distanzierten, kontrollorientierten, emotions-, beziehungs- und körperlosen, Managementsstil entsprechen.[62]

Die Notwendigkeit beruflicher Anpassung an neue Anforderungen erfordert so gesehen eine funktionale und instrumentelle Erweiterung des Verhaltensspektrums, ohne daß es zu tiefgreifenden Selbstreflexionsprozessen kommen muß. Selbst wenn Führungskräfte diese Veränderungen primär mit dem Interesse an Persönlichkeitsgewinn und -entwicklung verbinden (inklusive der Orientierung an Zielen wie emotionaler und intellektueller Aufgeklärtheit und kritischer Distanz zu fomalisierten Strukturen in Organisationen) bleibt das widersprechende Interesse, diese neuen Kompetenzen im Sinne flexibler Formen von Herrschaftssicherung zu funktionalisieren. Aufgrund des beruflichen Charakters der zu erlernenden neuen Qualifikationen dürfte die Wirkung häufig auf oberflächlich-instrumentelle Verwertung begrenzt sein, ohne tiefergreifende und ggf. bedrohliche Aspekte der kritischen Reflexion von Männlichkeit (bzw. Weiblichkeit) im Management zu berühren (z.B. die Auseinandersetzung mit Emotionen und Gefühlen, oder die Bedeutung von Sexualität und Körperlichkeit bzw. Nähe und Intimität, aber auch die Bedeutung von Gewalt im beruflichen bzw. männlichen und weiblichen Lebenszusammenhang)(Manthey, 1991:55). Erste empirische Forschungsergebnisse zeigen, daß sich diese Vermutungen durch Beobachtungen in der Praxis erhärten lassen (Knights, 1995; Baethge et al., 1995; Manthey, 1991, 1992, 1993).

Gleichwohl könnten die gesellschaftlichen Zuschreibungen größerer sozialer und emotionaler Kompetenzen an Frauen bzw. bezogen auf Weiblichkeit als

---

[62]Auch Krell (1993) bleibt trotz der neu hinzukommenden Gestaltungsspielräume für viele Beschäftigte im Zuge dieser Veränderungen skeptisch, denn nach ihrer Überzeugung handelt es sich dabei im Kern und in erster Linie um eine modernisierte Strategie des Managements zur sozialen Kontrolle der Beschäftigten.

Strukturkategorie und Diskurs bedeuten, daß die „Feminisierung der Arbeitswelt" v.a. in Dienstleistungsbranchen nicht nur in unteren Bereichen der Hierarchie zunimmt, sondern auch den Führungskräftebereich zunehmend tangieren wird, weil Frauen vor dem Hintergrund der oben skizzierten neuen Anforderungen an kompetentes Auftreten in modernen Unternehmen die ggf. produktiveren Arbeitskräfte sind (Calás und Smircich, 1996: 230 f.; Henes-Karnahl, 1988).[63] Männer und Männlichkeiten im Management könnten also, sollte dieser Trend anhalten, zunehmend unter Veränderungsdruck geraten, was von persönlichen Irritationen und Verunsicherungen begleitet sein dürfte.

> „This trend toward the feminization of employment is given an additional boost such that traditional men are in danger of becoming redundant in ever increasing numbers. In relation to management, this redundancy is not simply a literal one in terms of their future employment, but also for those remaining in work it is metaphorical since it places a question mark over the productive value of distanced forms of instrumental management control. This is not to argue that at the very senior levels women will replace men but it is indicative perhaps of an even greater degree of insecurity and competitive ambition for masculine subjects whose opportunities may be diminished as result of the development of management practices that are not entirely compatible with instrumental and distanced forms of control." (Kerfoot und Knights, 1996: 29 f.)

Die vielfach auftretenden Akzeptanzprobleme bei der Implementation neuer Organisations- und Managementkonzepte in Unternehmen und die häufig sehr enttäuschenden Ergebnisse (vgl. z.B. McCabe, 1995; Kearney, 1992; Zairi et al., 1993) könnten zumindest zum Teil darauf zurückgeführt werden, daß sie von Führungskräften initiiert werden, die einem Managementstil anhängen, der einen veränderten Zugang zur Gestaltung innerbetrieblicher sozialer Beziehungen nicht möglich macht, weil das im Hintergrund wirksame Muster konkurrenz- und aufstiegsorientierter Männlichkeit nur einen instrumentellen und distanzierten Zugang zu den unterstellten Mitarbeiterinnen und Mitarbeitern zuläßt. Männlichkeit als Subjektposition und Ressource von Macht und Einfluß im Management von Organisationen könnte dadurch zum Problem werden. Bezogen auf die Einführung von „Total Quality Management"-Konzepten stellte z.B. Knights (1995) fest:

---

[63]Frauen könnten als produktive Begabungsreserve betrachtet werden, weil erwartet wird, daß sie im Umgang mit Emotionen und Gefühlen (Emotionsarbeit, „feeling rules"), der für den Erfolg im Management (und anderswo) zunehmend wichtiger zu werden scheint, besser geübt sind als ihre männlichen Konkurrenten. Einschränkend muß hier allerdings hinzugefügt werden, daß Frauen in Dienstleistungsbranchen in der Vergangenheit v.a. eingestellt wurden, weil sie kostengünstiger und flexibler einsetzbar waren als viele Männer (v.a. durch Teilzeitarbeitsregelungen). Die qualifizierte Frau als Begabungsreserve für Leitungspositionen ist gleichwohl ein auch in Wirtschaftskreisen diskutiertes Thema geworden (vgl. z.B. Böhme, 1989).

„The underlying purpose of quality programmes is employee cooperation, collaboration and consent in pursuit of the provision of products and services that meet customer's expectations. The masculing preoccupation with control and conquest evident in much managerialism clearly contradicts the content of quality management programmes where there is a concern with empowerment, teamwork, and creative collaboration to continuously improve working practices and customer relations. (...) Quality programmes are usually framed within a strictly hierarchical control system and are certainly implemented as technologies of control, partly at least because of the domination of masculine discourses embedded in contemporary organizations and management. (...) Masculine preoccupations with control and conquest (...) are routinely reproduced by structural (i.e. capitalist) demands for results in improved performance, productivity and profitability and the existential insecurities of masculinity. Both these tensions seem to have their resolution in a compulsive desire to extend the boundaries of control. For managers to 'let go' in these circumstances is to risk their own performance, which is constantly measured by hierarchical superiors or through the capital markets, as well as the limited security that being 'in control' seems to offer."
(Knights, 1995: 9)

Die im Kapitel 4.1 dargestellten Forschungsergebnisse von Wajcman (1996) und andere empirische Arbeiten zu dieser Fragestellung (z.B. Manthey, 1992) unterstreichen diese Einschätzung, denn es stellt sich heraus, daß aufgrund der aktuellen Entwicklungen in den hier untersuchten Unternehmen eher eine Zunahme von Kontrolle und Disziplinierung durch das Handeln des Managements beobachtet werden kann, was in der Konsequenz dazu führt, daß die vom Management propagierten Ziele der Reorganisierungsmaßnahmen von den Beschäftigten frühzeitig als vordergründige Rhetorik entlarvt werden. Gleichzeitig scheint dieser Trend eher eine autoritär-aggressive Männlichkeit zu bestärken, als einen Management- bzw. Männlichkeitsstil, der auf soziale Kompetenz, Empathie und wechselseitige Wertschätzung vertraut (Wacjman, 1996: 275). Die aktuellen Veränderungen im Führungsbereich von Organisationen bzw. Unternehmen orientieren sich nicht primär am Ziel eines egalitären Geschlechterverhältnisses mit umfassender Chancengleichheit für Frauen und Männer im Management, sondern führen eher dazu, daß Männer im Management verschiedene, lernbare Sozialtechniken bewußt einsetzen um ihre Position im Rahmen ihrer (männlichen) Bezugsgruppe zu behaupten. Dabei scheint der Wunsch nach Reintegration sog. „weiblicher Anteile" eine Vision männlicher Allmacht in vollendeter Autonomie zu bestärken, die letztlich dazu führen könnte, daß

„ein einziges (männliches) Geschlecht existiert, das nur sich selbst gehört und genügt."
(Manthey, 1991: 56)

Die Debatte um neue, „weibliche" Führungsstile und -kompetenzen dürfte sich sogesehen in erster Linie an männlichen Führungskräftenachwuchs richten, die mit Hilfe dieses kaschierten Appells genötigt werden, ihr Selbstverständnis in angemessener Weise zu modellieren und ggf. zu transformieren. Das eine Annäherung an das kulturell „Weibliche" prinzipiell möglich ist, ohne männliche Privilegien aufgeben zu müssen, beweisen Beispiele aus Japan (Weber, 1992: 170). Vor diesem Hintergrund dürften es Frauen auch in Zukunft schwer haben, sich in der Männerdomäne Management verantwortungsvolle Positionen zu erarbeiten bzw. zu erkämpfen.

Die oben skizzierten neueren Entwicklungen in Organisationen und Unternehmen bzw. im Management könnten, so die paradoxe Schlußfolgerung von Weber (1992), Frauen sogar stärker diskriminieren als vorher, obwohl oder gerade weil sie eine Affinität zum femininen und familiären Umfeld und dem dort angesiedelten Verhaltensstil aufweisen. Diese Einschätzungen können gleichwohl nur spekulativen Charakter haben, weil hierzu erst wenige empirische Untersuchungen vorliegen. Die empirische Sozialforschung könnte mit Hilfe quantitativ und qualitativ ausgerichteter Studien v.a. durch teilnehmende Beobachtungen, Interviews und standardisierte Befragungen in den Organisationen, die sich einer oben skizzierten „neuen" Unternehmens- und Managementkultur verpflichtet fühlen, ergründen, ob wir es tatsächlich mit fundamentalen Veränderungsprozessen mit Blick auf soziale Beziehungen in Organisationen und Unternehmen zu tun haben, und ob sich speziell bezogen auf die Konstruktion der Geschlechterverhältnisse und von Männlichkeiten im Management qualitativ neue Strukturen und Prozesse entwickeln, oder ob es sich nur um „alten Wein in neuen Schläuchen" handelt, der die Gemüter erhitzt.

Wichtig für eine solche geschlechtsbezogene Organisations- und Managementforschung ist außerdem der von Rastetter (1994) beschriebene Zusammenhang zwischen Management und männerbündischen Vergemeinschaftungen, denn hier zeigt sich ein sehr wirksames Muster zur Reproduktion von geschlechtshierarchischen Strukturen und Prozessen in Organisationen aufgrund der besonderen Bedeutung der Strukturkategorie Männlichkeit als Machtressource. Der folgende Abschnitt ist diesem Thema gewidmet.

4.5 Geschlecht, Sexualität und Herrschaft in Männerdomänen: Das Management als Männerbund

Sowohl Collinson und Hearn (1994) als auch Türk (1989, 1993) bzw. Stolz und Türk (1992) haben in ihren Arbeiten auf die besondere Bedeutung von Vergemeinschaftungsprozessen in Organisationen zur Interessen- und Herrschaftssicherung hingewiesen (vgl. 3.4 und 4.2). Wenn es stimmt, daß Organisationen eine Verkörperung männlicher Herrschaft sind, dürfte, so die These von Rastetter (1994: 236), männerbündisches Handeln ein konstitutives Element von Organisationen und ihrer herrschaftssichernden Instanzen sein. Sie begründet ihre These durch die Übertragung des Männerbund-Konzeptes auf Männerdomänen von Organisationen und weist insbesondere durch das Beispiel des Top-Managements als Männerbund nach, daß männerbündische Vergemeinschaftungsprozesse ein weit verbreitetes und hochwirksames Muster zur Reproduktion geschlechtshierarchischer Strukturen in Organisationen sind. Ihrem Argumentationsgang folgend werden zunächst die zentralen Merkmale und Funktionen moderner Männerbünde erläutert (4.5.1), um anschließend die spezifische Dynamik der Zusammenarbeit von Frauen und Männern im Management aufgrund männerbündischer Mechanismen herausarbeiten zu können (4.5.2).

4.5.1 Merkmale und Funktionen moderner Männerbünde

Männerbünde hat es zu allen Zeiten, in verschiedensten Gesellschaftsformationen und in vielfältigen Erscheinungsformen[64] gegeben, wie ethnologische bzw. anthropologische Forschungergebnisse zeigen (z.B. Völger und von Welck, 1990). Nach einer Definition von Völger und von Welck (1990, XXI), die nicht nur formale, durch strenge Reglementierung und rigide Prinzipien charakterisierbare Männerbünde wie z.B. die Freimaurer umfaßt, sind Männerbünde

> „Zusammenschlüsse von Männern, die freiwillig und bewußt geschlossen wurden. (...) Mit der Mitgliedschaft in einem Männerbund ist die Anerkennung von Werten und geistigen Zielen verbunden, die häufig eine Überhöhung des in der jeweiligen Gesellschaft geltenden Wertesystems darstellen. Wesentliche Charakteristika sind zudem eine gewisse Esoterik mit der Aura des Geheimnisvollen, ein Aufnahmeritus (Initiation) und eine hierarchische Struktur. (...) Prestige und Einfluß sind (fast) immer eng mit der Mitgliedschaft in einem Männerbund verknüpft." (zitiert nach Rastetter, 1994: 236)

Folgende gemeinsame Merkmale beschreiben Männerbünde (Rastetter,1994: 237)[65]:

- „Der schwierige Zugang: die Aufnahme ist an Bedingungen und besondere Initiationsgepflogenheiten gebunden, die Zugehörigkeit ist ein Privileg;

- ein selbstverordnetes strenges Reglement;

- Prinzipien von Brüderlichkeit und Gleichheit, die durch (meist) latente Homosexualität, Frauenfeindlichkeit, Kameradschaft angesichts des Todes, Bereitschaft zu Verschwörung und durch Außenseitertum gekennzeichnet sind;

- strenge Hierarchien trotz der Huldigung der Brüderlichkeit;

- Ausschluß von Frauen."

---

[64]Diese Vielfalt reicht von kleinen, formlosen Freundschaftsgruppen bis zu großen, meist streng hierarchisch strukturierten und sehr einflußreichen Männerbünden in Politik und Militär (vgl. König, 1990; Sombart, 1991).

[65]Dort weitere, sehr erhellende Ausführungen zu den historischen Wurzeln des Männerbund-Konzeptes und der besonderen Bedeutung von männerbündischen Gemeinschaften wie z.B. der Wandervogel-Bewegung, den Freikorps-Verbänden und den Nazi-Gruppen wie Hitlerjugend, SS und SA.

Bezogen auf den europäischen Kulturkreis verkörpern gegenwärtig Institutionen bzw. Organisationen wie die Mafia, kirchliche Männerorden (v.a. Klöster), die Freimaurer, Burschen- und Schützenvereine, Studentenverbindungen und das Militär männerbündische Gemeinschaften. Aber auch politische Parteien bzw. Politiker, Sportvereine, Männergesangsvereine und die Feuerwehr sind als moderne Männerbünde beschrieben worden (Rastetter, 1994: 239; dort weiterführende Literaturangaben). Bei allen Unterschieden, die eine genauere Analyse dieser verschiedenen männerbündischen Vereinigungen herausarbeiten müßte (vgl. z.B. Völger und von Welck, 1990), gibt es Gemeinsamkeiten in der hohen Bewertung von Ritualisierung, Kameradschaft bzw. Brüderlichkeit, der Wichtigkeit von Rivalität und Konkurrenzkämpfen in hierarchischen Gruppenstrukturen (ohne Aufgabe notwendiger Loyalitätsbekundungen), der gemeinsamen Orientierung an höheren Zielen, Werten und Verhaltensweisen (im Gegensatz zu alltagsbezogenen „niederen" Aufgaben und Notwendigkeiten), und der „homosozialen" Aufteilung von Machtressourcen (z.B. Land, Geld, Bildung, Tätigkeiten, politische und familiäre Verbindungen; vgl. Lipman-Blumen, 1976) zugunsten der Männer entlang der Geschlechtergrenze (vgl. auch Kanter, 1977 bzw. Abschnitt 3.2 dieser Arbeit).

Der permanente Ausschluß von nicht erwünschten Personen, insbesondere Frauen, gilt in vielen zeitgenössischen Männerbünden noch immer als zentraler, aber auch besonders heikler Punkt, weil sich dieser Ausschluß vor dem Hintergrund der zunehmenden gesellschaftlichen Gleichstellung der Geschlechter in modernen westlichen Gesellschaften immer schwieriger durchsetzen und legitimieren läßt. Durch den Ausschluß der Frauen soll die Asymmetrie der Geschlechter festgeschrieben werden, um männliche Privilegien wahren und verteidigen zu können, und das existentielle Abgrenzungsbedürfnis gegenüber Frauen bis hin zur völligen Entwertung alles Weiblichen zur (scheinbaren) Stabilisierung der (labilen) männlichen Identität institutionell absichern zu können.

> „Die Abwertung und Beherrschung des Weiblichen kann als Folge der Abgrenzungspolitik der Männerbünde verstanden werden, die zu ihrer Aufrechterhaltung „das andere" klar und unzweideutig benennen mußten. Mit den Mechanismen des Männerbundes wird die Dynamik der polarisierenden Geschlechterungleichheit, der unterschiedlichen Bewertung männlicher und weiblicher Tätigkeiten und der dahinterstehenden Ideologie, die eben dies stabilisiert, unterstützt." (Rastetter, 1994: 241)[66]

Hinzu kommt, daß trotz des Auftretens manifester sexueller Handlungen zwischen Männern in heutigen Männerbünden[67] die Abwertung homosexueller Ori-

---

[66]Auch Cockburn (1988: 233) beschreibt in ihren empirischen Untersuchungen technisierter Arbeitsplätze die Wichtigkeit männlicher Abgrenzungsbedürfnisse in einer männlich dominierten Arbeiterkultur. Dieses Distanzbedürfnis scheint in den Augen der untersuchten Männer sogar wichtiger zu sein, als der gemeinsame Kampf von Frauen und Männern für den Erhalt des Arbeitsplatzes.

[67]Mehrere Beispiele dazu bei Rastetter (1994: 248)

entierung, der Ausschluß homosexueller Männer und das Bestärken heterosexueller Normen und Rituale (z.B. die Ehefrau als unentbehrliche Unterstützung des Karrieremannes oder Frauen als Sekretärinnen, Bedienungen, Empfangsdamen oder Prostituierte im Umfeld von männerbündischen Gemeinschaften) wichtige Abgrenzungsmechanismen darstellen, die zur Aufrechterhaltung der im Männerbund verkörperten hegemonialen Männlichkeit unentbehrlich sind. Neben der Abwertung und Beherrschung des Weiblichen als „das andere" Geschlecht werden also auch homosexuelle Männer als Gegenbild zur herrschenden heterosexuellen Männlichkeit im Männerbund (aber nicht nur dort) konstruiert, um mit Hilfe eines homophoben Klimas Männer dahingehend zu disziplinieren, daß sie keine zu engen Beziehungen untereinander ausbilden, denn solche zu engen Beziehungen könnten den Prinzipien individueller Leistungserstellung und Konkurrenz zuwiderlaufen und die Leistungs- und Funktionsfähigkeit des Männerbundes insgesamt in Frage stellen. Deshalb werden in Männerbünden verschiedenste Riten, Prüfungen, Regeln und Ordnungen ausgebildet, die ein bündisches Klima sicherstellen sollen, das durch seine rigiden Disziplinierungen homoerotische bzw. homosexuelle Triebdurchbrüche verhindern soll, bzw. das aktivierende Potential menschlicher Sexualität zugunsten produktiver Leistungen sublimieren soll (Rastetter, 1994: 248-252).

Die im Rationalitätsmythos (vgl. 3.5) angelegte Kontrolle aller Gefühle und Emotionen hilft, allzu enge Männerbeziehungen im Management (und anderswo) zu vermeiden, um konkurrierenden Männern keine persönlichen Angriffspunkte, z.B. durch das Eingestehen von Schwäche und Verletzlichkeit, zu bieten (Böhnisch und Winter, 1993: 156). So kommt es, daß Männer durch männerbündische Vergemeinschaftungsprozesse in Organisationen zwar häufig „unter sich sind", aber i.d.R. eine große emotionale und sexuelle Distanz fortlebt (Hearn und Parkin, 1987: 158 f.). Zusätzliche Konflikte können durch die wichtiger werdende Frage der Aufnahme von Frauen entstehen.

> „Im Männerbund tradieren sich (...) hegemoniale Männlichkeit und polarisierte Geschlechterbilder bis heute in besonders ausgeprägter Form. Vor diesem Hintergrund ist es nicht verwunderlich, wenn die Aufnahme von Frauen nicht ohne Konflikte abläuft und diese zuallererst auf dem konstruierten Gegensatz von Männlichkeit und Weiblichkeit bzw. männlicher und weiblicher Sexualität gründen und ausgetragen werden."
> (Rastetter, 1994: 252)

Die Aufnahme von Frauen ist in manchen ehemaligen Männerdomänen aus arbeitsmarktpolitischen Gründen überlebensnotwendig geworden. Die allgemeine Angleichung der Geschlechter z.B. hinsichtlich der Bildungsabschlüsse und der Berufsorientierung tragen ebenfalls dazu bei, daß Frauen zunehmend in Bereiche des öffentlichen Lebens vordringen, der bislang ausschließlich von Männern besetzt war. Dies gilt auch für das Management von Organisationen, wo Frauen von vielen Männern nicht selten als Störung empfunden werden, weil ihre sexuell-verführerische Ausstrahlungskraft (für die viele Männer besonders empfänglich sind) diese, so wird befürchtet, von der konzentrierten Aufgabenerfüllung ablenken könnte (Rastetter, 1994: 253 f.).[68] Im Kern geht es bei der Institutionalisierung von Männerbünden durch den Ausschluß von Frauen um Sinnstiftung und Unsicherheitsreduktion bei gleichzeitig angestrebter Herrschaftssicherung aufgrund des abgesicherten Zugangs zu und des Erhalts von Machtressourcen. Ob sich diese Mechanismen, Merkmale und Funktionen im Management von (v.a. Wirtschafts-) Organisationen wiederfinden lassen und welchen Einfluß die Aufnahme von Frauen im Management auf die Existenz männerbündischer Elemente im Management hat, ist Thema des folgenden Abschnitts.

4.5.2 Männerbündische Mechanismen im Management

Das Management als Männerdomäne in Organisationen reproduziert die Dominanz von Männern und hegemonialen Männlichkeitsformen und den Ausschluß von Frauen aufgrund männerbündischer Mechanismen, denn Elemente wie besondere Zugangsrituale (v.a. durch Personalauswahlverfahren; vgl. Neuberger und Kompa, 1987; Collinson et al., 1990), latente Homosexualität bei gleichzeitig auftretenden homophobischen und frauenfeindlichen Verhaltensmustern (Hearn und Parkin, 1987), und das Phänomen der „homosozialen Reproduktion der Führung" (damit ist die Schaffung neuer Führungskräfte nach dem Bilde der alten gemeint; vgl. Josefowitz, 1982), konnten auch für das Management von Organisationen dokumentiert werden, wobei diese Mechanismen insbesondere in höchsten leitenden Positionen weit verbreitet sind.

Kanter (1977; vgl. auch 3.2) hatte bereits darauf hingewiesen, daß gemeinsame Wertvorstellungen, Kommunikationsstile und Verhaltensmuster aufgrund der Mitgliedschaft in der „richtigen" Gruppierung (z.B. durch familiäre Verbindungen oder sog. „schlagende Verbindungen" (i.d.R. Burschenschaften), wo die älteren Mentoren die nächste Generation auf Führungsaufgaben vorbereiten; vgl. Roper, 1988, 1994) eine vertrauensvolle Basis für eine erfolgreiche Zusammenarbeit im Management gewährleisten sollen und aus diesem Grund Macht und Privilegien der führenden Männer in Organisationen bevorzugt an die Männer weitergegeben werden, die dem eigenen individuellen oder kollektiven männlichen Selbstbild ähneln, so daß die Angst vor Unvorhersehbarkeiten gemildert werden kann und die Mentoren eine Art Unsterblichkeit erlangen können (aufgrund einer narzistischen Spiegelung des Mentors in der Person des Nachfolgers als „Managersohn"). Männer unter sich müssen sich nicht mit frauenbezogenen Verhaltensritualen plagen (Kavaliersverhalten, Flirts, Rivali-

---

[68]Damit ist die gelegentlich zu beobachtende Mutation des rationalen Managers zum hochgradig emotionalisierten „Platzhirschen" gemeint, der um die Gunst der attraktiven Managerin bzw. Kollegin buhlt und dadurch viel Kraft für seine eigentlichen Aufgaben verliert...

täten um die Gunst einer Frau usw.) und können Gespräche „von Mann zu Mann" führen (u.a. zur gegenseitigen Selbstbestätigung), um nicht zuletzt wertvolle informelle Netzwerke aufzubauen, die den persönlichen Erfolg und Nutzen sichern bzw. die männlichen Privilegien stützen sollen. Zugleich demonstriert die Monopolisierung von Führungspositionen durch Männer im Top-Management, daß die identifikatorische und bindende Wirkung von Männerbünden im Erwerbsleben nach wie vor nicht an Kraft verloren hat. Das Interesse an männlicher Kontrolle über gesellschaftliche relevante Machtressourcen und an der Aufrechterhaltung der Geschlechterhierarchie reproduziert sich durch die männerbündisch strukturierten Vergemeinschaftungsprozesse im Management von Organisationen (Manthey, 1993: 43).

Würde man (Mann!) z.B. Frauen in Führungspositionen akzeptieren, müßten männliche Führungskräfte damit zugeben, daß Frauen die anstehenden Leitungsaufgaben in gleicher Weise wie Männer übernehmen können und der bisherige Ausschluß auf Diskriminierungsprozessen beruhte. Dies soll unter allen Umständen vermieden werden, in dem das Management zum Männerbund stilisiert wird. Eine von Wacjman (1996) befragte Managerin hat ihre Wahrnehmung des „senior management club's" mit folgenden Worten beschrieben:

> „It's always been men at the top of this company and the top of the company I was before. They all know each other. They've all come up the same route together... Now the only way to get into senior management is to know people in the senior management clique, but how can you know them when you are invisible?" (Wacjman, 1996: 274 f.)

Daß Männer im Management über diese sie bevorteilenden Hintergründe und die frauenbenachteiligende Wirkung der tradierten geschlechtlichen Arbeitsteilung gut informiert sind und die Vorteilssicherung ihrer Geschlechtsgenossen sehr genau beobachten, belegen Befragungsergebnisse unter männlichen Managern:

> „Das Problem liegt vorrangig darin, daß sie (die befragten Manager, R.L.) eine Benachteiligung von Frauen zwar verurteilen, die Konkurrenzsituation zwischen den Geschlechtern und die daran angeknüpfte Vorteilssicherung aber für selbstverständlich halten. Insofern ist auch eine Veränderung des männlichen Verhaltens im beruflichen Kontext für sie kein Thema. Daß sie selbst aktiv in die Aufrechterhaltung solcher Strukturen eingebunden sind (...) blenden sie aus. Die geringe Präsenz von Frauen in Führungspositionen bleibt für sie - ebenso wie die Benachteiligung von Frauen generell - ein Problem der Frauen." (Manthey, 1993: 44)

Das Management ist eine ideale „Bühne" zur Reproduktion männlicher Privilegien und männlichen Selbstwertgefühls, denn das Management als Männerbund

- „hat eine sinnstiftende Wirkung durch die allgemein als wichtig anerkannten Führungsaufgaben, deren Handhabung und Durchführung aber nicht direkt zu strukturieren und zu beurteilen sind, was ihm eine geheimnisvolle Aura verleiht;

- beinhaltet ein hohes Unsicherheitspotential, das durch die Aufnahme von vertrauten und ähnlichen Personen reduziert werden kann;

- weist innerhalb der Organisation und nach außen eine relativ hohe Ressourcen- und Machtakkumulation auf, die durch bündisches Verhalten gesichert werden kann." (Rastetter, 1994: 257)

Aufnahme in den engen Kreis des Top-Managements wird, wenn überhaupt, nur den Frauen (und anderen Minoritäten in diesem Bereich von Organisationen wie z.b. schwarzen oder homosexuellen Männern) gewährt, die der im Management verkörperten hegemonialen Männlichkeit ähneln, wobei neben dem Geschlecht auch Merkmale wie Schichtzugehörigkeit, die besuchte Universität, die kulturellen und sportlichen Präferenzen oder der Status des Ehemannes bzw. Partners eine Rolle spielen. Häufig bedeutet dies für karriereorientierte Frauen, von tradierten Verhaltensweisen und Weiblichkeitsvorstellungen Abstand zu nehmen, einen eher männlichen Habitus anzunehmen, und trotzdem noch Frau bzw. weiblich zu bleiben (was der „Quadratur des Kreises" entspricht...). Gleichzeitig führt die Neuartigkeit gemischtgeschlechtlicher Konkurrenz um hohe Positionen im Management von Organisationen und die Abwesenheit verbindlicher normativer Regeln zu einer Reihe von Geschlechterkonflikten, die sich u.a. folgendermaßen zeigen können (Rastetter, 1994: 259 f.):

- „Beide Seiten haben Angst, (sexuelle) Grenzen nicht einzuhalten.

- Es drohen Gerüchte, Rufmorde etc. Mann-Frau-Beziehungen bieten sich geradezu als Zielobjekte für Mikropolitik an, da in ihnen das „Nicht-Organisationale", Nicht-Rationale bereits angelegt ist.

- Männlichkeit, die sich über Beruf und Erfolg definiert, wird bedroht und in Zweifel gezogen, wenn Frauen Kolleginnen und Vorgesetzte werden.

- Frauen, die als Kolleginnen akzeptiert werden, fallen als Bewunderinnen männlicher Leistungen aus.

- Männer und auch andere Frauen fürchten, daß mit dem Eintritt einer Frau die Kollegialität unter den Männern bedroht ist und sie zu Rivalen werden.

- Unsicherheit im Umgang mit dem anderen Geschlecht verstärkt sich, denn gelernte Umgangsformen beziehen sich auf nunmehr inadäquate Muster: Höflichkeit, Herablassung, Sich Aufspielen, Beschützen, Erobern, Aktiv sein usw. von seiten der Männer; sich helfen lassen, auf Initiative warten, sich zurückziehen, Bewunderung für den Mann usw. von seiten der Frauen.

- Weil Frauen in unserer Gesellschaft machtloser als Männer wahrgenommen werden, besteht die Gefahr, mit der Präsenz vieler Frauen an Einfluß anderen Gruppen und Institutionen gegenüber zu verlieren.

- Ängste vor sexueller Attraktion können zu einer gespannten Atmosphäre beitragen. Um keinen Anlaß für Gerüchte zu geben, verhalten sich alle überkorrekt. Nicht unbedingt erforderliche Kontakte mit dem anderen Geschlecht werden vermieden, um Gefahren vorzubeugen."

Gleichzeitig muß befürchtet werden, daß insbesondere Frauen in einem männerbündisch strukturierten Management durch die Geheimhaltung von vitalen Informationen, Wissensbeständen und Gesprächsinhalten aufgrund der Existenz informeller Netzwerke zwischen Männern im Management (z.B. durch geheime, informelle Sitzungen im „kleinen Kreis" oder die Anfertigung von Geheimdossiers, die nur ausgewählten Mitgliedern des Managements vorgelegt werden) von wichtigen Kenntnissen ausgeschlossen werden, so daß die Integration von Frauen systematisch verhindert werden kann und die Distanz zur Weiblichkeit aufrechterhalten wird (Kanter, 1977; Friedel-Howe, 1990). Interner Ausschluß trotz Mitgliedschaft im Management ist ein Mechanismus zur Stabilisierung von Macht im Interesse einer selbsternannten (männlichen) Elite, die sich nicht „in die Karten gucken lassen will". Die Reproduktion der Geschlechterpolaritäten wird auf diese Weise gewährleistet und notfalls auch durch sexuelle Belästigung oder mit Hilfe von Gewalt erzwungen (vgl. BMJFFG, 1991; Hearn, 1996a, 1996b; Hollway, 1996). Management und Weiblichkeit werden als Gegensätze konstruiert, als zwei Welten, die einfach nicht zusammenpassen (vgl. 4.1), was gleichzeitig ein fundamentales Dilemma der Frau (bzw. von Frauen) im Management begründet:

> „Je mehr sie sich gegen Abwehrhaltungen der Männer durchsetzen kann und sie zu überzeugen vermag, desto mehr bestätigt sie gleichzeitig die Einstellungen der Männer Frauen gegenüber, indem sie zur Ausnahmefrau geadelt wird, die mehr „Mann" als „Frau" ist. Ihr Weiblichkeitsmanagement läuft auf die Kontrolle weiblicher Sexualität hinaus (...). Damit unterstützt die Managerin die Desexualisierung der Organisation." (Rastetter, 1994: 266)

Auch Männer im Management müssen durch geschicktes „Geschlechtsmanagement" täglich aufs neue nachweisen, daß sie über genügend „männliche Organisationskompetenz" (Türk), die sich an den jeweils gültigen hegemonialen Männlichkeitsformen zu orientieren hat, verfügen. Männer wie Frauen werden daran gemessen, wie gut sie diese Anforderungen erfüllen und trotz mancher Anpassungsleistungen der herrschenden Männerkultur in vielen Organisationen an den gewandelten Zeitgeist (vgl. 4.3 und 4.4) haben sich männerbündische Strukturen zumindest im Top-Management bislang als überlebensfähig und langlebig erwiesen.

5 Fazit und Ausblick

Ich möchte den abschließenden Teil dazu nutzen, kurz auf den Gesamtargumentationsgang zurückzublicken, und aus meiner Sicht einige Stärken und Schwächen der ausgewählten theoretischen und empirischen Untersuchungen zur geschlechtsbezogenen Organisations- und Managementforschung zu beleuchten, um daran anknüpfend auf offene Fragen für zukünftige Forschungen hinzuweisen.

Ausgehend von der Erkenntnis, daß Geschlechterverhältnisse vor dem Hintergrund historischer, materieller und kultureller Bedingungen in sozialen Praktiken ständig neu produziert werden und die Kategorien „Mann" und „Frau" im Prozeß der Sozialisation als kulturelles und soziales Sinnsystem wirken, welches vor dem Hintergrund eines hierarchischen Systems der Zweigeschlechtlichkeit auf unterschiedlichste Weise von den Geschlechtern erlebt wird, wurde begründet, daß Geschlechtsidentitäten und Geschlechterverhältnisse sozialen, historischen und kulturellen Konstruktionen entsprechen, die sich insbesondere durch soziale Wandlungsfähigkeit, Widersprüchlichkeit und Vielgestaltigkeit auszeichnen. Weiblichkeit und Männlichkeit sind als wechselseitig aufeinander bezogene Kategorien beschrieben worden, die in einem hierarchischen Verhältnis zueinander stehen, im Rahmen eines dichotomen Symbolsystems hervorgebracht werden, und gleichzeitig intern vielfältig differenziert und hierarchisiert sind. Verschiedene Formen von Weiblichkeit und Männlichkeit können neben-, mit- und gegeneinander in ein und demselben kulturellen bzw. institutionellen Milieu im Prozess der lebenslangen (Geschlechter-) Sozialisation produziert und transformiert werden. Gleichzeitig ist bezogen auf die soziale Konstruktion von Männlichkeiten betont worden, daß die verschiedenen Ausprägungen von Männlichkeit in einem hierarchischen Verhältnis zueinander stehen und der sozialwissenschaftlichen Analyse hegemonialer Männlichkeit für das Verständnis der Reproduktion und/oder Transformation von Geschlechterverhältnissen in Organisationen eine herausragende Bedeutung zukommt.

Die vorgelegte Literaturanalyse der bislang veröffentlichten Arbeiten zur geschlechtsbezogenen Organisationsforschung hat gezeigt, durch welche dynamischen Prozesse innerhalb von Organisationen hierarchische Strukturen sozialer Ungleichheit entlang der Geschlechtergrenze entstehen, und wie Organisationen selbst dazu beitragen, daß sich hierarchische Geschlechterverhältnisse entwikkeln und i.d.R. erhalten konnten. Ackers theoretische Überlegungen zur Integration von Geschlecht und Sexualität in organisationssoziologische Analysen und Rastetters Ergänzungen zu Türks organisationstheoretischem Ansatz bilden fundierte Ansätze zur Entmythologisierung der abstrakten, geschlechts-, körper-, und emotionslosen Arbeitskraft. Organisationen, die bislang als geschlechtsneutrale Gebilde betrachtet wurden, können damit zutreffender als komplexe soziale Systeme beschrieben werden, die in vielfältiger Weise von vergeschlechtlichten Strukturen, Prozessen und Praktiken durchdrungen sind. Organisationen lassen sich als eine historisch-gesellschaftlich spezifische Verkörperung männlicher Herrschaft beschreiben, die durch Diskurse und Praktiken hegemonialer Männlichkeit hervorgebracht und reproduziert werden. Trennungen und Grenzziehungen, wie sie sich in den drei von Türk herausgearbeiteten Aspekten von Herrschaft in Organisationen (Ordnung, Gebilde, Vergemeinschaftung) zeigen, sind dabei sowohl für Organisationen als auch für Geschlechterbeziehungen eine stets notwendige Voraussetzung von Herrschaft.

Es konnte belegt werden, daß Grundannahmen, Praktiken und soziale Strukturen und Prozesse, die Arbeitsorganisationen zugrundeliegen, auf geschlechtsbezogenen Vorstellungen, Wertungen und Haltungen basieren. Hegemoniale Männlichkeit und „männliche Prinzipien" bilden dabei eine wesentliche Ressource, um Macht und Einfluß in Organisationen zu erlangen und zu erhalten. Außerdem tragen männerbündische Strukturen insbesondere im Management von Organisationen dazu bei, daß sich dieser Zusammenhang immer wieder reproduziert. Frauen wird der Zugang zu Macht und Sozialprestige in Organisationen erschwert, weil sie allein aufgrund ihres Geschlecht von diesen Quellen der Macht nicht profitieren können.

Die privilegierte, an (männlichen) Rationalitätsvorstellungen orientierte hegemoniale Form von Männlichkeit in Organisationen bietet Männern im Management, aber auch auf anderen Ebenen der Organisation, eine scheinbar sichere und komfortable Grundlage zur Begründung ihrer (Geschlechts-) Identität bzw. Subjektivität, die sich insbesondere auf die Abhängigkeit der Frauen von männlicher Definitionsmacht gründet und nicht zuletzt auf einem Verständnis von männlicher Sexualität beruht, welches Nähe und Intimität systematisch zu verhindern sucht. Rationalität, Männlichkeit und Management sind sogesehen eng miteinander verflochtene und aufeinander bezogene Kategorien, die zur Erklärung von geschlechtshierarchischen Strukturen in Organisationen herausragende Bedeutung erlangen. Bisherige Organisationstheorien, die, wie gezeigt werden konnte, weitestgehend „geschlechtsblind" argumentiert haben, zeichnen ein falsches Bild geschlechtsneutraler Organisationen und übersehen, daß die hinter dem Mythos der abstrakten, entleiblichten Arbeitskraft stehenden Vorstellungen verschleiern, wie Strukturen, Prozesse, Praktiken und Akteure in Organisationen stets an hegemoniale Männlichkeitsformen und die entsprechenden Werte, Normierungen und Ideologien gebunden werden.

Das Gebot zur Entsexualisierung und Disziplinierung des Körpers, welches mit der Vorstellung einer abstrakten, entkörperlichten Arbeitskraft korrespondiert, wurde in Verbindung mit den Aspekten der Kontrolle und Verwertung von Emotionen in Organisationen auf seine Bedeutung für die (Re-) Produktion hierarchischer Geschlechterverhältnisse näher untersucht. Dabei wurde dem Aspekt der Nutzung und Verwertung von Geschlecht, Sexualität und Emotionen im Gegensatz zur Unterdrückung dieser Ressourcen in Organisationen besondere Aufmerksamkeit geschenkt. Frauen im Management als klassische Männerdomäne von Organisationen, werden in besonderer Weise mit der Kapitalisierung ihrer Weiblichkeit konfrontiert, indem beispielsweise weiblicher Charme und Attraktivität ganz bewußt zur antizipierten Erleichterung zwischenmenschlicher Interaktionen und damit zum Nutzen der Organisation eingesetzt werden sollen. Dies hat zur Folge, daß z.B. Frauen als Managerinnen in ihrer Selbstbestimmung in höherem Maße eingeengt werden als ihre männlichen Kollegen und es führt generell dazu, daß Managerinnen täglich einen schwierigen Balanceakt zwischen sexualisierten Anforderungen auf der einen, und sachlichen Erfordernissen auf der anderen Seite vollführen müssen, was in der Praxis nur mit einem fein entwickelten Sensorium zum situationsgerechten Auftreten gelingen kann und nicht selten mißlingt. Der Warencharakter von Männlichkeit zeigt sich in der notwendigen Selbstinstrumentalisierung von Männern vor dem Hintergrund einer abstrakten, entkörperlichten Norm-Arbeitskraft ohne persönliche und emotionale Bedürfnisse, was die Instrumentalisierung anderer einschließt, indem diese entweder als Konkurrenten oder als nützliche Personen betrachtet werden.

Es ist das große Verdienst der geschlechtsbezogenen Organisationsforschung, auf die herausragende Bedeutung der strukturellen und diskursiven Dominanz hegemonialer Männlichkeit in Organisationen zur Erklärung geschlechtsbezogener Segregationsprozesse aufmerksam gemacht zu haben. Diese Hegemonie führt in vielen Organisationen auf unterschiedliche Weise sowohl zu struktureller als auch manifester Diskriminierung von Frauen aufgrund ihrer Geschlechtszugehörigkeit. Erste Ansätze zur Erklärung von Ursachen und Funktionsweisen der Reproduktion geschlechtshierarchischer Strukturen und Prozesse aufgrund des immanenten Zusammenhangs von Geschlecht, Macht, Sexualität und Emotionen in Organisationen sind erkennbar geworden.

Eine Schwäche dieser Arbeiten zeigt sich nach meiner Überzeugung darin, daß in vielen geschlechtsbezogenen Organisationsanalysen sehr allgemein und pauschal über Organisationen gesprochen und nachgedacht wird, ohne die Vielgestaltigkeit und die Verschiedenheiten von Organisationen näher zu beleuchten. Dadurch bleiben vorhandene Unterschiede zwischen Organisationen unberücksichtigt und die ggf. vorhandenen organisationsspezifischen Muster zur Reproduktion vergeschlechtlichter Prozesse und Praktiken werden nicht erkennbar. Auch die beschriebenen Überlegungen zur Verwertung von Geschlecht, Sexualität und Emotionen durch die Kapitalisierung von Weiblichkeit und Männlichkeit im Gegensatz zu Desexualisierungstendenzen und der Kontrolle von Emotionen in Organisationen eröffnen einen neuen Zugang zur Analyse sozialer Interaktionsprozesse in Organisationen mit besonderem Blick auf Geschlechterverhältnisse. Gleichwohl wird auch hier zu wenig unterschieden, welche Art von Sexualität bzw. Emotion gemeint ist, wenn von Kapitalisierung von Weiblichkeit und Männlichkeit gesprochen wird, und welcher soziale bzw. situative

Kontext eine körperbezogene oder emotionale Interaktion hervorbringt. Die soziologische Forschung zum Thema „Emotionen in Organisationen" (vgl. Fineman, 1993) müßte sich die Aufgabe stellen, diese Differenzierungen durch empirische Untersuchungen genauer herauszuarbeiten, um ein vollständigeres Bild des Zusammenspiels von Geschlecht, Sexualität, Macht und Emotionen zu erhalten.

Die dargestellten ersten Ergebnisse geschlechtsbezogener Managementforschung lassen erkennen, daß nicht nur Organisationen als Ganzes durch vergeschlechtlichte Prozesse und Praktiken gekennzeichnet sind, sondern daß den Kategorien Geschlecht und Sexualität insbesondere im Bereich des Managements eine herausragende Bedeutung für die Reproduktion geschlechtshierarchischer sozialer Beziehungen und vergeschlechtlichter Interaktionsprozesse in Organisationen zukommt. Wie Männer im Management von Organisationen und Unternehmen bzw. weshalb die kulturelle und symbolische Hegemonie der Kategorie Männlichkeit im Management die Chancengleichheit der Geschlechter verhindert, auf welche Weise bestimmte Formen hegemonialer Männlichkeit zur zentralen Machtressource für Männer im Management werden konnten, und welche Rolle und Funktion den sexuellen und emotionalen Aspekten der Interaktionsprozesse im Management zukommt, konnte durch diese neuen Einsichten erstmals erschlossen werden. Es zeigte sich, daß sich Geschlechterverhältnisse und insbesondere die Bedingungen zur sozialen Konstruktion hegemonialer Männlichkeit im Management von Organisationen permanent verändern, aber sich die generelle Dominanz von Männern insbesondere im Top-Management gegenüber Frauen bislang nicht verändert hat. Populäre Themen wie „Frauen im Management" oder „weiblicher Führungsstil" belegen ein wachsendes Interesse an Frauen als bislang wenig genutzte Begabungsreserve für Leitungsaufgaben. Es scheinen sich neue Verhaltenserwartungen und veränderte Qualifikationsanforderungen an Führungskräfte anzukündigen, die auf den ersten Blick wachsende Partizipationschancen für Frauen im Management eröffnen könnten. Dem wurde entgegengehalten, daß es in diesen Debatten nicht in erster Linie um die Verbesserung der Karrierechancen von Frauen, sondern vielmehr um eine Neu- und Umsozialisation von Männern im Management geht. Im Kern scheint es eher um eine Modernisierung von Männlichkeit(en) bei gleichbleibender Machtverteilung zwischen den Geschlechtern im Management von Organisationen zu gehen.

Es konnte herausgearbeitet werden, wie die soziale Konstruktion hegemonialer Männlichkeit die Praxis des Managements in entscheidender Weise beeinflußt, und wie umgekehrt die Praxis des Managements Einfluß auf verschiedene Erscheinungsformen von Männlichkeiten in Organisationen hat. Die beschriebenen Trennungen und Unterschiede zwischen Formen von Männlichkeiten, die sich in Organisationen beobachten lassen, und insbesondere im Bereich des Managements zu einer Quelle von Konflikten zwischen Einzelpersonen oder

Gruppen unterschiedlicher Managementphilosophien werden können, widersprechen früheren sozialwissenschaftlichen Analysen des Managements, die die Einheitlichkeit und Homogenität des Managements betont hatten. Es wurde argumentiert, daß unterschiedliche Vorstellungen vom „richtigen" Managementstil zu starken dysfunktionalen Irritationen im Management führen können. Auf welche Weise die historisch veränderbaren Formen, Stile und Kulturen des Managements in Organisationen bzw. Unternehmen mit vergeschlechtlichten Strukturen und Prozessen und insbesondere durch die soziale Konstruktionen unterschiedlicher Männlichkeitsformen als Quelle von Macht und Einfluß verknüpft sind, konnte aufgezeigt werden. Bezogen auf Entwicklungen von Männlichkeiten im Management zeigte sich, daß paternalistische Orientierungen zunehmend durch konkurrenz- und aufstiegsorientierte Haltungen im Rahmen strategischer Managementkonzepte abgelöst werden, was belegt, daß hegemoniale Positionen keineswegs unveränderlich sind, sondern ein ständiger Kampf um Hegemonie geführt wird.

Die wachsende Bedeutung sozialer Beziehungen und die steigenden Anforderungen an eine kompetente Ausgestaltung sozialer Interaktionsprozesse in Organisationen und Unternehmen, die sich an neuen Unternehmens- und Managementkonzepten orientieren, könnte, so wurde vermutet, in Widerspruch zu hegemonialen Formen konkurrenz- und aufstiegsorientierter bzw. paternalistischer Männlichkeiten im Management (aber nicht nur dort) geraten. Mit dem neuerdings propagierten Managementstil könnte eine tendenzielle Korrektur von Strukturen und Prozessen geschlechtlicher Segregationsbildung im Management verbunden sein. Sogesehen könnte sich hinter der Debatte um neue Führungsstile und um das Thema „Frauen im Management" das eigentliche, heimliche Thema der Krise der Männlichkeit als Ressource und Fundament des Handelns im Management verbergen.

Dem wurde entgegengehalten, daß die Notwendigkeit beruflicher Anpassung an neue Anforderungen zwar eine funktionale und instrumentelle Erweiterung des Verhaltensspektrums erfordert, dies aber nicht mit tiefgreifenden und (selbst-) kritischen Reflexionsprozessen einhergehen muß. Auch wenn Führungskräfte diese Veränderungen primär mit dem Interesse an Persönlichkeitsgewinn und -entwicklung verbinden, bleibt die widersprechende Motivation, diese neuen Kompetenzen im Sinne flexibler Formen von Herrschaftssicherung zu funktionalisieren. Aufgrund des beruflichen Charakters der zu erlernenden neuen Qualifikationen dürfte die Wirkung häufig auf oberflächlich-instrumentelle Verwertung begrenzt sein, ohne tiefergreifende und ggf. bedrohliche Aspekte der kritischen Reflexion von Männlichkeit (bzw. Weiblichkeit) im Management zu berühren.

Die angeführten empirischen Untersuchungen zeigen, daß bei Einführung neuer Managementkonzepte im Gegensatz zu idealtypischen Modellvorstellungen häufig eine Zunahme von Kontrolle und Disziplinierung durch das Handeln des

Managements beobachtet werden konnte, was in der Konsequenz dazu führte, daß die vom Management propagierten Ziele der Reorganisierungsmaßnahmen von den Beschäftigten frühzeitig als vordergründige Rhetorik entlarvt wurden. Gleichzeitig zeigen diese Untersuchungen, daß gegenwärtig eher eine autoritär-aggressive Männlichkeit im Management bestärkt wird, als ein Management- bzw. Männlichkeitsstil, der auf soziale Kompetenz, Empathie und wechselseitige Wertschätzung vertraut.

Resümierend ist festzustellen, daß sich die aktuellen Veränderungen im Führungsbereich von Organisationen bzw. Unternehmen nach dem derzeitigen Kenntnisstand nicht primär am Ziel eines egalitären Geschlechterverhältnisses mit umfassender Chancengleichheit für Frauen und Männer im Management orientieren, sondern eher dazu führen, daß Männer im Management verschiedene, lernbare Sozialtechniken bewußt einsetzen um ihre Position im Rahmen ihrer (männlichen) Bezugsgruppe zu behaupten. Dabei scheint der Wunsch nach Reintegration sog. „weiblicher Anteile" eine Vision männlicher Allmacht in vollendeter Autonomie zu bestärken. Für diese Einschätzung spricht, daß das Management als Männerdomäne in Organisationen die Dominanz von Männern bzw. hegemonialen Männlichkeitsformen und den Ausschluß von Frauen aufgrund männerbündischer Mechanismen reproduziert, wobei diese Mechanismen insbesondere in höchsten leitenden Positionen weit verbreitet sind.

Die hier vorgelegte Diskussion von ersten Ergebnissen der geschlechtsbezogenen Managementforschung zeigt, daß bislang zu wenige organisationssoziologische Arbeiten zur kritischen Analyse geschlechtlicher Segregationsprozesse im Management vorliegen, um allgemeingültige Aussagen formulieren zu können. Insbesondere der kritische und m.E. vielversprechende soziologische Fokus auf die soziale Konstruktion hegemonialer Männlichkeit bzw. Männlichkeiten im Management entwickelte sich erst vor wenigen Jahren und mit dem von Collinson und Hearn (1996) herausgegebenen Buch „Men as Managers, Managers as Men" liegt erstmals ein Überblick zu diesem jungen Forschungsfeld vor. Einige forschungsrelevante Fragen möchte ich in diesem Zusammenhang skizzieren:

• Es konnte gezeigt werden, daß im Mangement von Organisationen und Unternehmen ein ständiger Kampf um Hegemonie geführt wird, diese Auseinandersetzungen ganz wesentlich durch konkurrierende Formen hegemonialer Männlichkeiten beeinflußt werden, und sich die Bedingungen zur sozialen Konstruktion von Männlichkeit im Management permanent verändern. Zu fragen bleibt, welche Denk- und Handlungsmuster der beteiligten Akteure dazu beitragen, daß sich in einem spezifischen Organisationskontext bestimmte Formen von Männlichkeit im Management durchsetzen können und andere nicht. Dabei müßte differenziert untersucht werden, auf welchen Ebenen des Managements (z.B. unteres, mittleres, höheres Management und tätigkeits- bzw. funktionsbezogene Differenzierungen) geschlechtsbezogene

Wirkungen entstehen, ob ggf. weitere Aspekte bei der Reproduktion von Macht und Einfluß eine Rolle spielen (Alter; Klassen-, Schicht- und Milieuzugehörigkeit und der damit verbundene Habitus; Hautfarbe; sexuelle Orientierung usw.) und wie diese ggf. mit dem sozialen Geschlecht zusammenwirken. Es gilt, die materiellen und diskursiven Grundlagen männlicher Hegemonie im Management zu ergründen, um ein vielschichtigeres und genaueres Bild des Zusammenhangs von Männern, Männlichkeiten und Managementpraktiken bzw. -kulturen aufzeigen zu können. Dabei wäre auch die Frage interessant, ob es abhängig von der Hegemonie bestimmter Management bzw. Männlichkeitsformen in Organisationen unterschiedliche Mechanismen zur fortgesetzten Diskriminierung und Marginalisierung von Frauen im Management gibt. Welche Handlungsmuster Frauen aufgrund unterschiedlicher Formen von Weiblichkeiten im Management ausbilden, und wie sie sich zu dominierenden männlichen Praktiken und Diskursen in Organisationen verhalten, wäre ein weiterer Fokus für geschlechtsbezogene Managementforschung.

- Wenn es stimmt, daß sich neue, kooperative Führungsstile zunehmend durchsetzen werden, sich dadurch neue Verhaltenserwartungen und veränderte Qualifikationsanforderungen an Führungskräfte ankündigen, und dies insbesondere Männer im Management einem wachsenden und womöglich bedrohlichen Veränderungsdruck aussetzt, wäre zu prüfen, welche Strategien Männer im Management entwickeln, um diesem Druck zu begegnen. Kommt es dabei zu tiefergreifenden Selbstreflexionsprozessen und einer kritischen Auseinandersetzung mit persönlichen Stärken und Schwächen, die ggf. einen weniger sexistischen Habitus ermöglichen könnten, oder geht es wirklich nur um eine kosmetische Modernisierung von Männlichkeit bei gleichbleibender Machtverteilung zwischen den Geschlechtern im Management? Ist die Dominanz von Männern bzw. hegemonialer Männlichkeit im Management vielleicht der entscheidende Grund dafür, daß viele Organisationen und Unternehmen sich gerade nicht durch effektive, effiziente und rationale Führungsentscheidungen auszeichnen? In diesem Zusammenhang wäre ebenfalls zu prüfen, ob vor dem Hintergrund zunehmender Konkurrenz in globalisierten Ökonomien, verbunden mit einem wachsenden Trend zu deregulierten Arbeitsmärkten und immer häufiger entstehenden prekären Beschäftigungsverhältnissen in schlanken, flexiblen und hochgradig rationalisierten Organisationen, auch viele Bereiche des Managements in seinen tradierten Formen bedroht sind. Führungskräfte sind sowohl Subjekte als auch Objekte dieser Veränderungsprozesse und die Frage, welche geschlechtsbezogenen Wirkungen dabei entstehen könnten ist bislang unbeantwortet.

- Wenn es stimmt, daß jede Macht ihren Preis hat und insbesondere Männer die verantwortungsvollen Positionen im Top-Management von Organisationen für sich und ihre Geschlechtsgenossen reservieren, könnte gefragt werden, auf welche Weise diese Männer gelernt haben, die hohen Risiken ihrer privilegierten Lebensweise zu ignorieren (z.b. Versagensängste und Überforderungsgefühle in schonungslosen Konkurrenzkämpfen, soziale Isolationserfahrungen, Selbstzweifel, Verlust von sorgenden und schützenden Sozialkontakten z.B. durch Scheidung; eindimensionale Orientierung auf die berufliche Karriere ohne Rücksicht auf andere Wünsche, Neigungen und Interessen, usw.). Biographisch orientierte Fallstudien z.B. mit älteren, ggf. bereits pensionierten Führungskräften oder mit jüngeren Männern aus dem Führungskräftenachwuchs, die z.B. mit Hilfe psychoanalytischer Deutungsmuster interpretiert werden könnten, würden neue Einblicke in die seelischen und emotionalen Befindlichkeiten von Managern jenseits vordergründiger Stereotypisierungen ermöglichen. Ob sich hinter der Maske des erfolgreichen Managers bzw. des karriereorientierten Managementnachwuchses tatsächlich die souveräne, alles kontrollierende Männlichkeit verbirgt, die zumindest in der (Organisations-) Öffentlichkeit so häufig beschworen wird, oder ob sich vielschichtigere und ggf. brüchigere Selbstbilder zeigen, wäre zu ergründen. Könnte die wirklichkeitsnahe soziologische Aufklärung über die Schattenseiten männlicher Lebenszusammenhänge mit Blick auf Karriereverläufe von Managern sogar dazu beitragen, Männer für die Entwicklung neuer Männlichkeitsformen zu gewinnen, die weniger (selbst-) zerstörerisch und frauenfeindlich sind als tradierte Formen von Männlichkeit?

- Interessant wäre die geschlechtsbezogene Analyse von Studiengängen und beruflichen Fortbildungsgängen für den Führungskräftenachwuchs. Wie werden die zukünftigen Managerinnen und Manager auf ihre Führungsaufgaben vorbereitet? Lassen sich in der inhaltlichen, methodischen und didaktischen Ausgestaltung dieser Seminare und Lehrgänge kulturelle Muster und Praktiken wiederfinden, die auf die Reproduktion der kulturellen Hegemonie bestimmter Formen von Männlichkeit hinweisen? Welche Mechanismen tragen dazu bei, daß bereits hier alle Frauen und Männer, die davon abweichende Haltungen, Wertungen und Umgangsweisen bevorzugen, stigmatisiert, diskriminiert und ausgegrenzt werden?

- Nicht zuletzt scheint mir die Frage wichtig zu sein, welche möglichen Alternativen sich zur bisherigen Praxis für die Entwicklung und Gestaltung von Management und Männlichkeiten in Organisationen aufzeigen lassen. Gibt es Wege zur Veränderung der Geschlechterverhältnisse im Management von Organisationen, die dazu beitragen, daß Frauen und Männern unterschiedlichster Herkunft, Hautfarbe und sonstiger Merkmale mit ihren vielfältigen Kompetenzen und in ihren komplexen, selten widerspruchsfreien Haltungen und Persönlichkeiten vergleichbare Möglichkeiten zur Entwicklung ihrer Lebenswege eröffnet werden? Welche ersten Schritte müßten in Organisationen getan werden, um eine umfassende Gleichstellung der Geschlechter zu befördern? Was müßte sich im gesellschaftlichen Umfeld von Organisationen, insbesondere im reproduktiven Bereich, verändern, um emanzipatorische Ziele erreichen zu können? Wie können bzw. müssen Politik und Wirtschaft diesen Prozess befördern? Und die vielleicht schwierigste Frage in diesem Zusammenhang: Wie können Männer für diese Veränderungen gewonnen werden, wenn sie befürchten müssen, ausschließlich liebgewonnene Privilegien aufgeben zu müssen und ihnen nicht klar wird, welche persönlich bereichernden Erfahrungen für sie und andere durch diesen sozialen Wandel bewirkt werden könnten?

Zur Erforschung dieser offenen Fragen sind nach meiner Überzeugung Methoden der interpretativen qualitativen Sozialforschung besonders gut geeignet, weil sie die subjektiven und meist verborgenen Aspekte dieses Themenfeldes besser ergründen können, als z.B. standardisierte Befragungen. Durch empirische Untersuchungen in Organisationen und Unternehmen, die stets über unterschiedlichste historisch-gesellschaftliche und vielfältige kulturelle Wurzeln verfügen, könnte die sozialwissenschaftliche Managementforschung z.B. durch teilnehmende Beobachtung, qualitative Einzel- und Gruppenbefragungen, problem- bzw. themenzentrierte Interviews oder Ansätze der biographischen Lebenslaufforschung dazu beitragen, daß die Voraussetzungen, Bedingungen und Konsequenzen der Reproduktion vergeschlechtlicher Strukturen, Prozesse und Praktiken im Management von Organisationen erkennbar werden. Der kritischen Analyse von Männern und hegemonialen Formen von Männlichkeit im Management kommt dabei eine besondere Bedeutung zu.

122

Literaturverzeichnis

ACKER, J. (1991). Hierarchies, Jobs, Bodies: A Theory of Gendered Organizations. in: LORBER, J.; FARRELL, S.A. (1991). The Social Construction of Gender. London: SAGE, p. 162 - 179

ACKER, J. (1992). Gendering Organizational Theory. in: MILLS, A.J.; TANCRED, P. (ed.)(1992). Gendering Organizational Analysis. London: SAGE, p. 248 - 260

ACKER, J.; VAN HOUTEN, D.R. (1992). Differential Recruitment and Control: The Sex Structuring of Organizations. in: MILLS, A.J.; TANCRED, P. (ed.). Gendering Organizational Analysis. London: SAGE, p. 15 -30 (Erstveröffentlichung 1974 in: Administrative Science Quarterly 19(2): 152 - 163)

ADKINS, L. (1992). Sexual Work and the employment of women in the service industries. In: SAVAGE, M.; WITZ, A. (ed.). Gender and Bureaucracy. Oxford: Blackwell, p. 207 - 228

ADLER, N.; IZRAELI, D. (ed.)(1988). Woman in Management Worldwide. Armonk/New York: M.E. Sharpe

ADLER, N.; IZRAELI, D. (ed.)(1994). Competitive Frontiers: Women Managers in a Global-Economy. Cambridge: Blackwell

AIGNER, J.Ch. & GINDORF, R. (Hg.) (1986). Von der Last zur Lust. Wien: Verlag für Gesellschaftskritik.

ALVESSON, M.; BILLING, Y.D. (1992). Gender and Organization: Towards a Differentiated Understanding. In: Organization Studies, No. 13/1, p. 73 - 103

ALVESSON, M.; WILLMOTT, H. (ed.)(1992). Critical Management Studies. London: SAGE

ARMBRUSTER, C.L. (1993). Eine „Soziologie der Männlichkeit"? unveröffentlichte Diplomarbeit an der Fakultät für Soziologie der Universität Bielefeld

ARMBRUSTER, C.L.; MÜLLER, U.; STEIN-HILBERS, M. (Hg.) (1995) Neue Horizonte? Sozialwissenschaftliche Forschung über Geschlechter und Geschlechterverhältnisse. Opladen: Leske + Budrich

ARMSTRONG, P. (1984). Competition between the organisational professions and the evolution of management control strategies. In: THOMPSON, K. (ed.). Work, Employment and Unemployment. Milton Keynes: Open University Press, p. 97 - 120

ARMSTRONG, P. (1986). Management control strategies and inter-professional competition: The cases of accountancy and personel management. In: KNIGHTS, D.; WILLMOTT, H. (ed.). Gender and the Labour Process. Aldershot: Gower, p. 19 - 43

BAETHGE, M.; DENKINGER, J.; KADRITZKE, U. (1995). Das Führungskräftedilemma - Manager und industrielle Experten zwischen Unternehmen und Lebenswelt. Frankfurt am Main: Campus Verlag

BADINTER, E. (1993). XY - Die Identität des Mannes.München/Zürich: Piper

BEER, U. (Hg.) (1987), Klasse Geschlecht. Feministische Gesellschaftsanalyse und Wissenschaftskritik, Bielefeld

BEER, U. (1990). Geschlecht, Struktur, Geschichte. Soziale Konstituierung des Geschlechterverhältnisses. Frankfurt/New York: Campus

BECKER-SCHMIDT, R. (1991). Individuum, Klasse und Geschlecht aus der Perspektive der Kritischen Theorie. In: Zapf, W. (Hg.) (1991), S. 383-394

BECK-GERNSHEIM, E. (1981). Der geschlechtsspezifische Arbeitsmarkt. Frankfurt

BECKER-SCHMIDT, R. (1987). Frauen und Deklassierung. Geschlecht und Klasse. In: Beer, U. KlasseGeschlecht. Feministische Gesellschaftsanalyse und Wissenschaftskritik, S. 187-235

BERGER, P.L.; LUCKMANN, T. (1990). Die gesellschaftliche Konstruktion der Wirklichkeit. Eine Theorie der Wissenssoziologie.Frankfurt/Main: Fischer TB Verlag (dt. Erstausgabe: 1969)

BILDEN, H. (1991). Geschlechtsspezifische Sozialisation. In: Hurrelmann, K. und Ulich, D. (Hg.). Neues Handbuch der Sozialisationsforschung. Weinheim, Basel

BISCHOFF, S. (1991). Männer und Frauen in Führungspositionen der Wirtschaft in der Bundesrepublik Deutschland - 1991 im Vergleich zu 1986. Köln: Capital

BMJFFG (Hg.) (1991). Sexuelle Belästigung am Arbeitsplatz. Schriftenreihe des BM für Jugend, Familie, Frauen und Gesundheit. Stuttgart: Kohlhammer

BÖHME, G. (1989). Führungsaufgaben können Frauensache sein. In: SEKRETARIAT Nr. 12/89

BÖHNISCH, L; WINTER, R. (1993). Männliche Sozialisation. Bewältigungsprobleme männlicher Geschlechtsidentität im Lebenslauf. Weinheim/München: Juventa Verlag

BOLOGH, R.W. (1990). Love or Greatness: Max Weber and Masculine Thinking - A Feminist Inquiry. London: Unwin Hyman

BRAVERMAN, H. (1974). Labor and Monopoly Capital. New York: Monthly Review Press

BRITTAN, A. (1989). Masculinity and Power. Oxford: Basil Blackwell

BROD, H. (ed.) (1987a). The Making of Masculinities - The New Men's Studies. Boston: Allen & Unwin

BROD, H. (ed.) (1987b). Introduction: Themes and Theses of Men's Studies. In: The Making of Masculinities - The New Men's Studies. Boston: Allen & Unwin. S. 1 - 17

BROWN, H. (1992). Women Organising. London/New York: Routledge

BRÜCK, B; KAHLERT, H; KRÜLL, M; MILZ, H;OSTERLAND, A; WEGEHAUPT-SCHNEIDER, I (1992). Feministische Soziologie. Frankfurt/New York: Campus Verlag

BRZOSKA, G. (1992). Zur Männerforschung. In: Verhaltenstherapie und psychosoziale Praxis 1/92, S. 5-26

BUBLITZ, H. (1993). Geschlecht. In: Korte, H; Schäfers, B. (Hg.) (1993). Einführung in Hauptbegriffe der Soziologie. Opladen: Leske + Budrich. S. 59-78

BURNS, T.; STALKER, G.M. (1961). The Management of Innovation. London

BURRELL, G. (1992). The Organization of Pleasure. in: ALVESSON, M.; WILLMOTT, H. (ed.). Critical Management Studies. London: SAGE, p. 66 - 89

BUTLER, J. (1991). Das Unbehagen der Geschlechter. Frankfurt/M.

CALÀS, M.B.; SMIRCICH, L. (1989). Voicing Seduction to Silence Leadership. Paper presented at the Fourth International Conference on Organizational Symbolism and Corporate Culture, Fountainbleau, France

CALÀS, M.B.; SMIRCICH, L. (1996). From 'The Women's' Point of View: Feminist Approaches to Organization Studies. In: Clegg et.al (ed.)(1996). Handbook of Organization Studies. London: SAGE, p.218 - 257

CARRIGAN, CONNELL & LEE (1987). Toward a New Sociology of Masculinity. In: Brod, H. (ed.) (1987). The Making of Masculinities, Seite 63-100

CHODOROW, N. (1985). Das Erbe der Mütter. München

CHILD, J. (1985). Managerial Strategies, New Technology and the Labour Process. In: KNIGHTS, D; WILLMOTT, H; COLLINSON, D. (ed.). Job Redisign. Aldeshot: Gower, p. 107 - 141

CLARK, D.L. (1985). Emerging paradigms in organizational theory and research. in: LINCOLN, Y.S. (ed.). Organizational Theory and Inquiry. The Paradigm Revolution. Beverly Hills u.a.: p. 43 - 78

CLATTERBAUGH, K. (1990). Contemporary Perspectives on Masculinity. Men, Women, and Politics in Modern Society. Boulder/San Francisco/Oxford: Westview Press

CLEGG, S. (1990). Modern Organizations. London: SAGE

CLEGG, S.R.; HARDY, C.; NORD, W.R. (ed.)(1996). Handbook of Organization Studies. London: SAGE

CLEGG, S.; DUNKERLEY, D. (1980). Organization, Class and Control. London: Routledge & Kegan Paul

COCKBURN, C. (1983). Brothers: Male Dominance and Technological Change. London: Pluto

COCKBURN, C. (1988). Die Herrschaftsmaschine: Geschlechterverhältnisse und technisches Know-How. Berlin/Hamburg: Argument Verlag

COCKBURN, C. (1991). In the Way of Women: Men's Resistance to Sex Equality in Organizations. Basingstoke: MacMillan. Deutsch: Blockierte Frauenwege, Hamburg: Argument Verlag, 1993

COHEN, M.D.; MARCH, J.G.; OLSON, J.P. (1972). A Garbage Can Model of Organizational Choice. Administrative Science Quarterly, 17/1, p. 1 - 25

COLEMAN, J.S. (1979). Macht und Gesellschaftsstruktur. Tübingen/New York

COLLINS, P.H. (1991). Black Feminist Thought. Knowledge, Consciousness, and the Politics of Empowerment. New York/London: Routledge

COLLINSON, D.L. (1988). 'Engineering Humour': Masculinity, Joking and Conflict in Organizations. Organization Studies, 9/2, p. 181 - 199

COLLINSON, D.L. (1992). Managing the Shopfloor. Subjectivity, Masculinity and Workplace Culture. Berlin/New York: Walter de Gruyter

COLLINSON, D.L.; COLLINSON, M. (1989). Sexuality in the Workplace: Discrimination and Harassment. In: HEARN, J.; SHEPPARD, D.L.; TANCRED-SHERIFF, P.; BURRELL, G. (ed.). The Sexuality of Organization. London: SAGE, p. 91 - 109

COLLINSON, D.L.; HEARN, J. (1994). Naming men as men: implications for work, organization and management. In: Gender, Work and Organization No. 1/1: p. 2 - 22

COLLINSON, D.L.; HEARN, J. (ed.)(1996). Men as Managers, Managers as Men: Critical Perspectives on Men, Masculinities and Managements. London: SAGE

COLLINSON, D.L.; KNIGHTS, D. (1986). 'Men only': Theories and Practices of Job Segregation in Insurances. In: KNIGHTS, D.; WILLMOTT, H. (ed.). Gender and the Labour Process. Aldershot: Gower, p. 140 - 178

COLLINSON, D.L.; KNIGHTS, D.; COLLINSON, M. (1990). Managing to Discriminate. London: Routledge

CONNELL, R.W. (1986). Zur Theorie der Geschlechterverhältnisse. In: Das Argument 157/1986

CONNELL, R.W. (1987). Gender and Power - Society, the Person and Sexual Politics. Cambridge: Polity Press

CONNELL, R.W. (1995a). Neue Richtungen für Geschlechtertheorie, Männlichkeitsforschung und Geschlechterpolitik. In: ARMBRUSTER u.a. (Hg.) (1995) Neue Horizonte? Opladen: Leske + Budrich. S. 61-84

CONNELL, R.W. (1995b). Masculinities. Cambridge: Polity Press

CONZE, W. (Hg.) (1976). Sozialgeschichte der Familie in der Neuzeit Europas. Stuttgart

CROMPTON, R.; GALLIE, D.; PURCELL, K. (ed.)(1996). Changing Forms of Employment. Organisations, Skills and Gender, London: Routledge

CROZIER, M. (1964). The Bureaucratic Phenomenon. Chicago: University of Chicago Press

CROZIER, M.; FRIEDBERG, E. (1979). Macht und Organisation. Die Zwänge kollektiven Handelns. Königstein: Athenäum

DAVIDSON, M.J.; COOPER, C.L. (ed.)(1984). Working Women: An International Survey. Chichester: Wiley

DEMMER, C. (Hg.) (1988). Frauen ins Management. Wiesbaden: Gabler

DEUTSCHE FORSCHUNGSGEMEINSCHAFT: SENATSKOMMISSION FÜR FRAUENFORSCHUNG (Hg.) (1994). Sozialwissenschaftliche Frauenforschung in der Bundesrepublik. Berlin: Akademie Verlag

DIETZEN, A. (1993). Soziales Geschlecht: soziale, kulturelle und symbolische Dimensionen des Gender-Konzepts. Obladen: Westdeutscher Verlag

DINNERSTEIN, D. (1979). Das Arrangement der Geschlechter. Stuttgart

DOMSCH, M.; HADLER, A.; KRÜGER, D. (1994). Personalmanagement & Chancengleichheit. Betriebliche Maßnahmen zur Verbesserung beruflicher Chancen von Frauen in Hamburg. Hamburg: Senatsamt für die Gleichstellung; Hampp Verlag

DOMSCH, M.; REGNET, E. (1990)(Hg.). Weibliche Fach- und Führungskräfte: Wege zur Chancengleichheit. Stuttgart: Schäffer

DÜLFER, E. (Hg.)(1991). Organisationskultur.Stuttgart: Poeschel Verlag

EDWARDS, R. (1979). Contested Terrain: The Transformation of the Workplace in the Twentieth Century. London: Heinemann

ELIAS, N. (1976). Über den Prozess der Zivilisation; Bd. 1 und 2. Frankfurt/Main: Suhrkamp (erstmals erschienen 1939)

ENDRUWEIT, G; TROMMSDORFF, G. (Hg.)(1989). Wörterbuch der Soziologie. Stuttgart: Enke

FAWCETT, B; FEATHERSTONE, B.; HEARN, J.; TOFT,C. (ed.)(1996). Violence and Gender Relations. London: SAGE

FERGUSON, K.E. (1984). The Feminist Case Against Bureaucracy. Philadelphia: Temple University Press

FERGUSON, K.E. (1993). The Man Question: Visions of Subjectivity in Feminist Theory. Berkeley: University of California Press

FINEMAN, S. (ed.)(1993). Emotions in Organisations. London: SAGE

FLAX, J. (1990). Thinking Fragments: Psychoanalysis, Feminism, and Postmodernism in the Contemporary West. Berkeley: University of California Press

FOUCAULT, M. (1976). Überwachen und Strafen. Frankfurt/Main: Suhrkamp

FOUCAULT, M. (1979). The History of Sexuality. Vol. 1. London: Allen Lane

FOUCAULT, M. (1989). Sexualität und Wahrheit, Bd. 1. Frankfurt/Main: Suhrkamp

FRESE, E. (Hg.)(1992). Organisationstheorien, 2. Aufl. Wiesbaden

FRIEDEL-HOWE, H. (1990). Zusammenarbeit von weiblichen und männlichen Fach- und Führungskräften. In: DOMSCH, M.; REGNET, E. (Hg.). Weibliche Fach- und Führungskräfte: Wege zur Chancengleichheit. Stuttgart: Schäffer, S. 16 - 33

GANTER, H.-D.; SCHIENSTOCK, G. (Hg.)(1993). Management aus soziologischer Sicht - Unternehmensführung, Industrie- und Organisationssoziologie. Wiesbaden: Gabler

GARFINKEL, H. (1967) Passing and the managed achievement of sex status in an 'intersexed' person. In: ders.: Studies in Ethnomethodology. Englewood Cliffs, S. 116-185

GEISSLER, D. (1995). Zwischen Anpassung und Konfrontation. Hochqualifizierte Frauen im Umgang mit Machtverhältnissen in Beruf und Gesellschaft. Bielefeld: Kleine Verlag

GERHARDS, J. (1988). Emotionsarbeit. Zur Kommerzialisierung von Gefühlen. Soziale Welt, 39, S. 47 - 65

GINDORF, R. (1986) Bisexuell, homophil, schwul. Homosexualitäten in Theorie und Beratungsarbeit. In: Aigner, J.Ch. & Gindorf, R. (Hg.). Von der Last zur Lust. Wien: Verlag für Gesellschaftskritik. S. 155-176

GILDEMEISTER, R. (1992). Die soziale Konstruktion von Geschlechtlichkeit. In Ostner, I. und Lichtblau, K. (Hg.) Feministische Vernunftkritik. S. 220-239

GILDEMEISTER, R.; WETTERER, A. (1992). Wie Geschlechter gemacht werden. Die soziale Konstruktion der Zweigeschlechtlichkeit und ihre Reifizierung in der Frauenforschung. In: Knapp/Wetterer, 1992, S. 201-254

GILLIGAN, C. (1991). Die andere Stimme. Lebenskonflikte und Moral der Frau. München 1991 (Orig. 1984)

GUTEK, B.; LARWOOD, L. (ed.)(1987). Women's Career Development. Newbury Park: SAGE

GOFFMAN, E. (1973). Asyle. Über die soziale Situation psychiatrischer Patienten und anderer Insassen. Frankfurt/Main: Suhrkamp

GOFFMAN, E. (1994). Interaktion und Geschlecht. Frankfurt/Main: Campus Verlag (darin u.a. der Originalaufsatz „The Arrangement between the Sexes" von 1977 in dt. Übersetzung)

GOLD, B. (1988). Management und Persönlichkeit. Köln: Capital 12/88

GOLDBERG, H. (1986). Man(n) bleibt Mann. Reinbek bei Hamburg: Rowohlt

GRANT, J.; TANCRED, P. (1992). A Feminist Perspective on State Bureaucracy. In: MILLS, A.J.; TANCRED, P. (ed.)(1992). Gendering Organizational Analysis. London: SAGE, p. 112 - 128

HADLER, A. (1995). Frauen & Führungspositionen: Prognosen bis zum Jahr 2000. Frankfurt am Main: Peter Lang

128

HAGEMANN-WHITE, C. (1984). Sozialisation: Weiblich-männlich? Alltag und Biografie von Mädchen. Opladen 1984

HAGEMANN-WHITE, C. (1988). Wir werden nicht zweigeschlechtlich geboren. In: Dies. und Rerrich, M.S. (Hg.). FrauenMännerBilder. Männer und Männlichkeit in der feministischen Diskussion. Bielefeld

HAGEMANN-WHITE, C. (1993). Die Konstrukteure des Geschlechts auf frischer Tat ertappen? Methodische Konsequenzen einer theoretischen Einsicht. In: Feministische Studien, 11. Jg., H. 2 v. 11/93, S. 68-78

HARDING, S. (1986). The Science Question in Feminism. Ithaca, New York: Cornell University Press

HAUG, F.; HAUSER, K. (1992) Marxistische Theorien und feministischer Standpunkt. In Knapp/Wetterer. TraditionenBrüche. Freiburg

HAUSEN, K. (1976). Die Polarisierung der „Geschlechtscharaktere" - Eine Spiegelung der Dissoziation von Erwerbs- und Familienleben. In: Werner Conze (Hg.) (1976). Sozialgeschichte der Familie in der Neuzeit Europas. Stuttgart. S. 363-393

HEARN, J. (1987). The Gender of Oppression. Men, Masculinity and the Critique of Marxism. Brighton: Wheatsheaf Books Ltd.

HEARN, J. (1992). Men in the Public Eye. London: Routledge

HEARN, J. (1996a). Men's Violence to Known Women: Historical, Everyday and Theoretical Constructions by Men. In: FAWCETT, B.; FEATHERSTONE, B.; HEARN, J.; TOFT, C. (ed.). Violence and Gender Relations: Theories and Interventions. London: SAGE, p. 22-38

HEARN, J. (1996b). The Organization(s) of Violence: Men, Gender Relations, Organizations and Violences. In: FAWCETT, B.; FEATHERSTONE, B.; HEARN, J.; TOFT, C. (ed.). Violence and Gender Relations: Theories and Interventions. London: SAGE, p. 39-60

HEARN, J.; Parkin, W. (1987). 'Sex' at 'work'. The Power and Paradox of Organization Sexuality, Brighton: Wheatsheaf

HEARN, J.; Parkin, W. (1992). Gender and Organizations: A Selective Review and a Critique of a Neglected Area. in: MILLS, A.J.; TANCRED, P. (ed.). Gendering Organizational Analysis. London: SAGE, p. 46 - 66 (erstmals veröffentlicht 1983 in Organization Studies, 4/3, p. 219 - 242)

HEARN, J.; SHEPPARD, D.L.; TANCRED-SHERIFF, P.; BURRELL, G. (ed.)(1989). The Sexuality of Organization. London: SAGE

HECKHAUSEN, H. (1980). Motivation und Handeln. Berlin/Heidelberg

HENES-KARNAHL, B. (1988). Wertewandel im Management: Die Schwachen werden die Starken sein. In DEMMER, C. (Hg.). Frauen ins Management. Wiesbaden: Gabler, S. 31-55

HESS-DIEBÄCKER, D.; STEIN-HILBERS,M. (1989). Das neue Leitbild der innerfamilialen „Partnerschaft" in Kinderbetreuung und Haushalt. In: Müller, U.; Schmidt-Waldherr, H. (Hg.). FrauenSozialKunde. Wandel und Differenzierung von Lebensformen und Bewußtsein. Bielefeld

HESSE, J.; SCHRADER, H.C. (1994). Die Neurosen der Chefs. Die seelischen Kosten der Karriere. Frankfurt/Main: Eichborn

HIRSCHAUER, S. (1993). Die soziale Konstruktion der Transsexualität. Über die Medizin und den Geschlechtswechsel. Frankfurt/M.

HIRSCHMAN, A.O. (1980). Leidenschaften und Interessen. Frankfurt/Main

HOCHSCHILD, A. (1990): Das gekaufte Herz. Zur Kommerzialisierung der Gefühle. Frankfurt/New York: Campus Verlag

HOLLSTEIN, W. (1988). Nicht Herrscher, aber kräftig - Die Zukunft der Männer. Hamburg: Hoffmann und Campe

HOLLSTEIN, W. (1993). Der Kampf der Geschlechter. München: Kösel

HOLLWAY, W. (1996). Gender and Power in Organizations. In: FAWCETT, B; FEATHERSTONE, B.; HEARN, J.; TOFT,C. (ed.). Violence and Gender Relations. London: SAGE, p. 72 - 80

HONEGGER, C. (1991). Die Ordnung der Geschlechter - Die Wissenschaft vom Menschen und das Weib. Frankfurt/New York: Campus Verlag

HOSKIN, K.W. (1990). Using History to understand Theory: A Re-Consideration of the Historical Genesis of „Strategy". Paper delivered at the EIASM Workshop on Strategy, Accounting and Control, Venice, October 1990

HOOKS, B. (1991). Yearning. Race, Gender, and Cultural Politics. London: Turnaround

HURRELMANN, K. und ULICH, D. (Hg.) (1991). Neues Handbuch der Sozialisationsforschung. Weinheim, Basel

HYMAN, R. (1987). Strategy or Structure? Capital, Labour and Control. Work, Employment and Society, No. 1/1, p. 25 - 55

IHILEVICH, D.; GLESER, G.C. (1991). Defenses in Psychotherapy: The Clinical Aplication of the Defense Machanism Inventory. Owasso

ITZIN, C.; NEWMAN, J. (ed.)(1995). Gender, Culture and Organizational Change. London/New York: Routledge

JEFFREYS, S. (1985). The Spinster and Her Enemies: Feminism and Sexuality 1880-1930. London: Pandora

JOSEFOWITZ, N. (1982). Sexual Relationships at Work: Attraction, Transference, Coercion or Strategy. Personnel Administrator, No. 3/82, p. 91-96

KANTER, R.M. (1975). Women and the Structure of Organizations. in: MILLMAN, M.; KANTER, R.M. (ed.). Another Voice. Garden City, New York: Anchor, p. 35 - 74

KANTER, R.M. (1977). Men and Women of the Corporation. New York: Basic Books

KANTER, R.M. (1990). Manager brauchen einen neuen Arbeitsstil und andere Talente. In: HARVARDmanager, No. 2/1990

KAUFMAN, M. (Hg.) (1987). Beyond Patriarchy: Essays by Men on Pleasure, Power, and Change. Toronto/New York

KEARNEY, A.T. (1992). Total Quality: Time to take of the rose coloured spectacles. IFS Publications

KELLER, H. (Hg.) (1979). Geschlechtsunterschiede. Psychologische und physiologische Grundlagen der Geschlechterdifferenzierung. Weinheim, Basel

KELLY-GADOL, J.: (1988). Soziale Beziehungen der Geschlechter. Methodologische Implikationen einer feministischen Geschichtsbetrachtung. In: Schaeffer-Hegel, B. u.a. (Hg.) (1988), Männer Mythos Wissenschaft. Grundlagentexte zur feministischen Wissenschaftskritik. Pfaffenweiler. S. 17-32.

KERFOOT, D.; KNIGHTS, D. (1993). Management, Masculinity and Manipulation: From Paternalism to Corporate Strategy in Financial Services in Britain. In: Journal of Management Studies, No. 30/4: p. 659 - 79

KERFOOT, D.; KNIGHTS, D. (1995a). Empowering the Quality Worker?: The Seduction and contradiction of the total quality phenomenon. In: WILKINSON, A.; WILLMOTT, H.C. (ed.) Making Quality Critical. London: Routledge

KERFOOT, D.; KNIGHTS, D. (1995b). The Organization(s) of Social Division: Constructing Identities in Managerial Work. Paper to be given to the 12th European Group on Organisation Studies (EGOS) Colloquium, Istanbul, Turkey, 6-8th July 1995

KERFOOT, D.; KNIGHTS, D. (1996). The Best is Yet to Come: The Quest for Embodiment in Managerial Work. In: COLLINSON, D.L.; HEARN, J. (ed.). Men as Managers, Managers as Men: Critical Perspectives on Men, Masculinities and Managements. London: SAGE, p. 78 - 98

KESSLER, S.; McKENNA, W. (1978). Gender. An Ethnomethodological Approach. New York

KERFOOT, D.; KNIGHTS, D. (1993). Management, Masculinity and Manipulation: From Paternalism to Corporate Strategy in Financial Services in Britain. In: Journal of Management Studies No. 30/4, p. 659 - 677

KIESER, A. (Hg.). Organisationstheorien, Stuttgart: Kohlhammer, S. 297 - 331

KIMMEL, M. (Hg.) (1987). Changing Men. New Directions in Research on Men and Masculinity. Newbury Park/London/New Delhi: SAGE

KLEIN, M. (1990). The macho world of sport - a forgotten realm? In: International Review for the Sociology of Sport, Nr. 25/3, p. 175-183

KLEIN, U. (1994). Das Geschlechterverhältnis und die Soziologie. In: Kneer, G. u.a. (Hg.) (1994). Soziologie. Zugänge zur Gesellschaft. Münster/Hamburg: Lit Verlag. S.191-224

KNAPP, G.-A. (1987): Arbeitsteilung und Sozialisation: Konstellationen von Arbeitsvermögen und Arbeitskraft im Lebenszusammenhang von Frauen. In: Beer, U. (Hg.) (1987), Klasse Geschlecht. Feministische Gesellschaftsanalyse und Wissenschaftskritik, S. 236-273

KNAPP, G.-A. (1988a). Die vergessene Differenz. In: Feministische Studien, Jg. 6, 1988, S. 12-31

KNAPP, G.-A. (1988). Das Konzept „weibliches" Arbeitsvermögen - theoriegeleitete Zugänge, Irrwege, Perspektiven. In: Frauenforschung, Zeitschrift des Instituts Frau und Gesellschaft, Hannover, Heft 4/1988, S. 8-19

KNAPP, G.-A. (1992). Macht und Geschlecht. Neue Entwicklungen in der feministischen Macht- und Herrschaftsdiskussion. In Knapp/Wetterer, 1992, S. 287-325

KNAPP, G.-A.; WETTERER, A. (Hg.) (1992). Traditionen Brüche. Entwicklungen feministischer Theorie. Freiburg

KNEER, G. u.a. (Hg.) (1994). Soziologie. Zugänge zur Gesellschaft. Münster/Hamburg: Lit Verlag.

KNIGHTS, D. (1995). Through the „Man"agerial Looking Glass: Problematizing Gender in the „New" Organization. Paper presented at the Management Dissent Conference, London 20th Sept. 1995

KNIGHTS, D; WILLMOTT, H; COLLINSON, D. (ed.) (1985). Job Redisign. Aldeshot: Gower

KNIGHTS, D.; WILLMOTT, H. (ed.)(1986). Gender and the Labour Process. Aldershot: Gower

KNIGHTS, D.; WILLMOTT, H. (ed.)(1990). Labour Process Theory. London: Macmillan

KÖNIG, R. (1990). Zur Einführung. In VÖLGER, G.; v.WELCK, K. (Hg.)(1990). Männerbünde - Männerbande: Zur Rolle des Mannes im Kulturvergleich (Band 1). Köln: Druck- und Verlagshaus Weinand, XXVII-XXXII

KORTE, H; SCHÄFERS, B. (Hg.) (1993). Einführung in Hauptbegriffe der Soziologie. Opladen: Leske + Budrich.

KOTTHOFF, H. (1994). Geschlecht als Interaktionsritual? In: Goffman, I. Interaktion und Geschlecht. Frankfurt/Main: Campus Verlag, S. 159-194

KRELL, G. (1993). Vergemeinschaftung durch symbolische Führung. In: MÜLLER-JENTSCH, W. (ed.). Profitable Ethik - effiziente Kultur: Neue Sinnstiftungen durch das Management? München: Hampp, S. 39-56

KRELL, G., OSTERLOH, M. (1992). Personalpolitik aus der Sicht von Frauen. München: Hampp

LANG, K.; OHL, K. (1993). Lean Production. Herausforderungen und Handlungsmöglichkeiten. Köln: Bund Verlag

132

LARWOOD, L.; GUTEK, B. (1984). Women at Work in the USA. In: DAVIDSON, M.J.; COOPER, C.L. (ed.). Working Women: An International Survey. Chichester: Wiley, p. 237 - 267

LAUTMANN, R. (1977). Seminar: Gesellschaft und Homosexualität. Frankfurt/Main: Suhrkamp

LEHNER, F.; SCHMID, J. (Hg.)(1992). Technik - Arbeit - Betrieb - Gesellschaft: Beiträge der Industriesoziologie und Organisationsforschung. Opladen: Leske und Budrich

LINCOLN, Y.S. (ed.). Organizational Theory and Inquiry. The Paradigm Revolution. Beverly Hills u.a.

LLOYD, G.: (1985). Das Patriarchat der Vernunft. 'Männlich' und 'weiblich' in der westlichen Philosophie. Bielefeld

LORBER, J.; FARRELL, S.A. (1991). The Social Construction of Gender. London: SAGE

MACCOBY, E.E.; JACKLIN, C.N. (1974). The Psychology of Sex Differences. Stanford, CA

MacKINNON, C. (1979). Sexual Harassment of Working Women. New Haven, London: Yale University Press

MADDOCK, S; PARKIN, D. (1993). Gender Cultures. In: Women in Management Review, No. 8/2, p. 3 - 9

MANTHEY, H. (1991). Der neue Manager: Die allseitig entwickelte männliche Persönlichkeit als Vision vollendeter Autonomie. In: Zeitschrift für Frauenforschung Nr. 1+2/91, S.48-58

MANTHEY, H. (1992). Der neue Manager: Effizienz und Menschlichkeit. Berlin: Bezirksamt Neukölln

MANTHEY, H. (1993). Verordnetes Wohlbefinden oder: Der neue Man(n)ager auf der Suche nach Authentizität. In: Zeitschrift für Frauenforschung Nr. 4/93, S. 33 - 46

MARCHINGTON, M; WILKINSON, A.; ACKERS, P; GOODMAN, J. (1993). The Influence of Managerial Relations on Waves of Employee Involvement. In: British Journal of Industrial Relations, 31/4, p. 553-575

MARCUSE, H. (1987). Der eindimensionale Mensch. Darmstadt/Neuwied: Luchterhand (erstmals erschienen 1967)

MARCUSE, H. (1990). Triebstruktur und Gesellschaft. Frankfurt/Main: Suhrkamp (erstmals erschienen 1955)

MARGLIN, St.A. (1977). Was tun die Vorgesetzten? Ursprünge und Funktionen der Hierarchie in der kapitalistischen Produktion. In: Technologie und Politik 8. Reinbek bei Hamburg: S. 148 - 203

MARX, K. (1962). Das Kapital. Bd. 1, MEW 23. Berlin

MARX, K. (1969). Resultate des unmittelbaren Produktionsprozesses. Frankfurt/Main

McCABE, D. (1995). Through the „Masculinity" Glass: The Problems of Managing Quality Initiatives. Unpublished Paper, Financial Services Research Centre, Manchester School of Management, UMIST, Manchaster

MEAD, M. (1958, 1949). Mann und Weib - Das Verhältnis der Geschlechter in einer sich wandelnden Welt. Reinbek

MESSNER, M.A. (1990). When bodies are weapons: Masculinity and violence in Sport. In: International Review for the Sociology of Sport, Nr. 25/3, p. 201 - 219

MEUSER, M. (1995). Geschlechterverhältnisse und Maskulinitäten. Eine wissensoziologische Perspektive. In: ARMBRUSTER u.a. (1995) Neue Horizonte? Opladen: Leske + Budrich, S. 107-134

METZ-GÖCKEL, S.; MÜLLER, U. (1986). Der Mann. Die Brigitte-Studie. Weinheim/Basel

MIES, M. (1988). Patriarchat und Kapital. Frauen in der internationalen Arbeitsteilung. Zürich

MILLMAN, M.; KANTER, R.M. (ed.)(1975). Another Voice. Garden City, New York: Anchor

MILLS, A.J.; TANCRED, P. (ed.)(1992). Gendering Organizational Analysis. London: SAGE

MORGAN, D.H.J. (1992). Discovering Men. London/New York: Routledge

MORGAN, G. (1986). Images of Organizations. Newbury Park u.a.: SAGE

MÜLLER, U.; SCHMIDT-WALDHERR, H. (Hg.) (1989). FrauenSozialKunde. Wandel und Differenzierung von Lebensformen und Bewußtsein. Bielefeld

MÜLLER-JENTSCH, W. (ed.). Profitable Ethik - effiziente Kultur: Neue Sinnstiftungen durch das Management? München: Hampp

NEAD, L. (1988). Myths of Sexuality: Representations of Women in Victorian Britain. Oxford: Blackwell

NEUBERGER, O.; KOMPA, A. (1987). Wir, die Firma. Der Kult um die Unternehmenskultur. Winheim, Basel: Beltz

NICOLSON, P. (1996). Gender, Power and Organisation. A Psychological Perspective. London/New York: Routledge

NUNNER-WINKLER, G (1994). Zur geschlechtsspezifischen Sozialisation. In: Deutsche Forschungsgemeinschaft: Senatskommisiion für Frauenforschung (Hg.). Sozialwissenschaftliche Frauenforschung in der Bundesrepublik. Berlin: Akademie Verlag, S. 61-83

NSW ANTI-DISCRIMINATION BOARD (1982). Discrimination and Homosexuality

OESTREICH, G. (1969). Geist und Gestalt des frühmodernen Staates. Berlin

OLINS, W. (1990). Corporate Identity. Frankfurt/New York

OSTNER, I. (1978). Beruf und Hausarbeit. Die Arbeit der Frau in unserer Gesellschaft. Frankfurt/New York

OSTNER, I. (1992). Geschlecht. In: Schäfers, B. (Hg.). Grundbegriffe der Soziologie. Opladen: Leske und Budrich. S. 108-110

OSTNER, I.; LICHTBLAU, K. (Hg.) (1992). Feministische Vernunftkritik. Ansätze und Traditionen. Frankfurt/New York: Campus Verlag

PARSONS, T.; BALES, R. (1955). Family, Socialisation and Interaction Process. New York

PASCALE, R.T.; ATHOS, A.G. (1982). The Art of Japanese Management. Harmondsworth: Penguin

PETERS, T.J.; WATERMAN, R.H. (1982). In Search of Excellence. New York: Random House

PLECK, J.H. (1987). The Theory of Male Sex-Role Identity: Ist Rise and Fall, 1936 to the Present. In: Brod, H.(ed.) (1987). The Making of Masculinities - The New Men's Studies. Boston: Allen & Unwin. S. 21-38

POWELL, G.N. (1993). Women & Men in Management. London: SAGE

PRINGLE, R. (1988). Secretaries Talk: Sexuality, Power and Work. London u.a.: Verso

PRINGLE, R. (1989). Bureaucracy, Rationality and Sexuality: The Case of Secretaries. in: HEARN, J.; SHEPPARD, D.L.; TANCRED-SHERIFF, P.; BURRELL, G. (ed.). The Sexuality of Organization. London: SAGE, p. 158 - 177

PUCHERT, R.; RASCHKE, C.; HÖYNG, S. (1995). Probleme der innerbetrieblichen Gleichstellungspolitik unter spezieller Berücksichtigung der Reaktionen von Männern auf Frauenfördermaßnahmen. Berlin: Dissens e.V.

RABE-KLEBERG, U. (1986). Qualifizieren und Quotieren. Entwicklungen und Perspektiven traditioneller Frauenberufe. In:Frauenforschung, Zeitschrift des Instituts Frau und Gesellschaft Hannover, Heft 1/1986, S. 21-29

RAMAZANOGLU, C. (1989). Feminism and the Contradictions of Oppression. London/New York: Routledge

RASTETTER, D. (1994). Sexualität und Herrschaft in Organisationen. Eine geschlechtervergleichende Analyse. Opladen: Westdeutscher Verlag

RICH, A. (1980). Compulsory Heterosexuality and Lesbian Existence. In: Signs 5, S. 631-60

ROETHLISBERGER, F.J.; DICKSON, W.J. (1939). Management and the Worker. Cambridge, MA: Harvard University Press

ROPER, M. (1988). Fathers and Lovers: Images of the „Older Man" in British Managers' Career Narratives. Life Stories/Récits de vie, 4/88, S. 49-58

ROPER, M. (1994). Masculinity and the British Organization Man since 1945. Oxford: Oxford University Press.

135

RUDINGER, G.; BIERHOFF-ALFERMANN, D. (1979). Methodische Probleme bei der Untersuchung von Geschlechtsunterschieden. In: Keller, H. (Hg.) (1979). Geschlechtsunterschiede. Psychologische und physiologische Grundlagen der Geschlechterdifferenzierung. Weinheim, Basel: S. 211-239

SAVAGE, M.; WITZ, A. (ed.)(1992). Gender and Bureaucracy. Oxford: Blackwell

SCHAEFFER-HEGEL, B. u.a. (Hg.) (1988). Männer Mythos Wissenschaft. Grundlagentexte zur feministischen Wissenschaftskritik. Pfaffenweiler.

SCHÄFERS, B. (Hg.) (1992). Grundbegriffe der Soziologie. Opladen: Leske und Budrich.

SCHEUCH, E.K.; SCHEUCH, U. (1992). Cliquen, Klüngel und Karrieren - Filz und Klüngel bei CDU und SPD. Reinbek bei Hamburg

SCHIENSTOCK, G. (1993). Management als sozialer Prozeß. In: GANTER, H.-D.; SCHIENSTOCK, G. (Hg.). Management aus soziologischer Sicht - Unternehmensführung, Industrie- und Organisationssoziologie. Wiesbaden: Gabler, S. 8 - 46

SCHUMACHER, H. (1993). Bündnis des Schweigens. Wirtschaftswoche Nr. 15, S. 46 - 53

SCHULTZ, D.; Hagemann-White, C. (1991). Das Geschlecht läuft immer mit... Die Arbeitswelt von Professorinnen und Professoren. Pfaffenweiler: Centaurus-Verlagsgesellschaft

SCHWARZ, G. (1987). Die „Heilige Ordnung" der Männer: patriarchale Hierarchie und Gruppendynamik, 2. Aufl. Opladen: Westdeutscher Verlag

SCOTT, J. (1986). Gender: A Useful Category of Historical Analysis. in: American Historical Review 91, p. 1053 - 75

SEGAL, L. (1990). Slow motion. Changing masculinities - changing men. London: Virago

SEIDLER, V.J. (1989). Rediscovering Masculinity - Reason, Language and Sexuality. London/New York: Routledge

SEIDLER, V.J. (1994). Unreasonable Men - Masculinity and Social Theory. London/ New York: Routledge

SOMBART, N. (1991). Die deutschen Männer und ihre Feinde. Carl Schmitt - ein deutsches Schicksal zwischen Männerbund und Matriarchatsmythos. München, Wien: Carl Hanser Verlag

STAEHLE, W.H. (1992). Funktionen des Managements: Eine Einführung in einzelwirtschaftliche und gesamtgesellschaftliche Probleme der Unternehmensführung. Bern, Stuttgart: Haupt/UTB

STOLLER, R.J. (1968). Sex and Gender. New York

STOLZ, H.-J.; TÜRK, K. (1992). Organisation als Verkörperung von Herrschaft. in: LEHNER, F.; SCHMID, J. (Hg.). Technik - Arbeit - Betrieb - Gesellschaft: Beiträge der Industriesoziologie und Organisationsforschung. Opladen: Leske und Budrich, S. 125 - 172

STREICH, R.K. (1994). Managerleben. Im Spannungsfeld von Arbeit, Freizeit und Familie. München: Beck

TANCRED-SHERIFF, P. (1989). Gender, Sexuality, and the Labour Process. In: HEARN, J.; SHEPPARD, D.L.; TANCRED-SHERIFF, P.; BURRELL, G. (ed.)(1989). The Sexuality of Organization. London: SAGE, p. 45 - 55

TANNEN, D. (1991). Du kannst mich einfach nicht verstehen - Warum Männer und Frauen aneinander vorbeireden. Hamburg: Kabel Verlag

TANNEN, D. (1995). Job-Talk - Wie Frauen und Männer am Arbeitsplatz miteinander reden. Hamburg: Kabel Verlag

TAYLOR, F.W. (1913). Die Grundsätze wissenschaftlicher Betriebsführung. München (Original: The Principles of Scientific Management. New York 1911)

TILLMANN, K.- J. (1989). Sozialisationstheorien. Reinbek bei Hamburg: Rowohlt

THEWELEIT, K. (1980). Männerphantasien. 2 Bände, Reinbek bei Hamburg: Rowohlt

THOMPSON, K. (1984)(ed.). Work, Employment and Unemployment. Milton Keynes: Open University Press

THÜRMER-ROHR, C. (1987). Vagabundinnen. Feministische Essays. Berlin

TREIBER, H. (1990). Geschlechtsspezifische und andere Spannungsverhältnisse innerhalb der Kirche: Eine Problemskizze vornehmlich zum Mittelalter. In: VÖLGER, G.; v.WELCK, K. (Hg.). Männerbünde - Männerbande: Zur Rolle des Mannes im Kulturvergleich (Band 1). Köln: Druck- und Verlagshaus Weinand, S. 149 - 162

TRÖMEL-PLÖTZ, S. (1990). Gewalt durch Sprache - Die Vergewaltigung von Frauen in Gesprächen. Frankfurt/Main: Fischer TB-Verlag

TÜRK, K. (1989a). Neuere Entwicklungen in der Organisationsforschung. Stuttgart: Enke

TÜRK, K. (1989b). Organisationssoziologie. in: ENDRUWEIT, G; TROMMSDORFF, G. (Hg.). Wörterbuch der Soziologie. Stuttgart: Enke, S. 474 - 481

TÜRK, K. (1993). Politische Ökonomie der Organisation. in: KIESER, A. (Hg.). Organisationstheorien, Stuttgart: Kohlhammer, S. 297 - 331

VÖLGER, G.; v.WELCK, K. (Hg.)(1990). Männerbünde - Männerbande: Zur Rolle des Mannes im Kulturvergleich (Band 1). Köln: Druck- und Verlagshaus Weinand

WAJCMAN, J. (1996). Women and Men Managers. Careers and Equal Opportunities. In: CROMPTON, R.; GALLIE, D.; PURCELL, K. (ed.). Changing Forms of Employment. Organisations, Skills and Gender, London: Routledge, p. 259 - 277

WALBY,S. (1990). Theorizing Patriarchy. Oxford: Blackwell

WALTER, W. (1996). Männer entdecken ihr Geschlecht. Inhalte, Ziele und Motive Kritischer Männerforschung. In Rundbrief Nr. 6 des AK Kritische Männerforschung, S. 5-13

WEBER, C. (1992). Die Zukunft des Clans. Überlegungen zum japanischen Organisationstyp und Managementstil. In: KRELL, G., OSTERLOH, M. (1992). Personalpolitik aus der Sicht von Frauen. München: Hampp, S. 148-172

WEBER, C. (1993). Welche Maske zu welcher Gelegenheit? Anmerkungen zur Debatte um Frauen im Management. In: MÜLLER-JENTSCH, W. (ed.). Profitable Ethik - effiziente Kultur: Neue Sinnstiftungen durch das Management? München: Hampp, S. 209-228

WEBER, M. (1972). Wirtschaft und Gesellschaft. Tübingen: Mohr (5. Auflage)

WEST, C.; ZIMMERMANN, D. H. (1987). Doing Gender. In: Gender and Society, Jg. 1, H. 2, S. 125-151

WIECK, W. (1987). Männer lassen lieben. Stuttgart: Kreuz Verlag

WILKINSON, A.; WILLMOTT, H.C. (ed.)(1995). Making Quality Critical. London: Routledge

WILSON, E. (1978). On human nature. Cambridge: Harvard University Press

WITZ, A.; SAVAGE, M. (1992). Theoretical Introduction: The Gender of Organizations. in: SAVAGE, M.; WITZ, A. (ed.). Gender and Bureaucracy. Oxford: Blackwell, p. 3 - 64

WOLF-GRAAF, A. (1981). Frauenarbeit. München

WOLLNIK, M. (1992). Organisationstheorie, interpretative. in: FRESE, E. (Hg.). HWO, 3. Aufl. Stuttgart: S. 1778 - 1797

WOMACK, J.P.; JONES, D.T.; ROOS, D. (1992). Die zweite Revolution in der Autoindustrie. Konsequenzen aus der weltweiten Studie des Massachusetts Institute of Technology, Frankfurt am Main/ New York

WOODWARD, J. (1965). Industrial Organisation: Theory and Practice. London

ZAIRI, M; LETZA, S.R.; OAKLAND, J.S. (1993). Does TQM Impact on Bottom Line Results?. University of Bradford Management Centre

ZAPF, W. (1991). Die Modernisierung moderner Gesellschaften. Verhandlungen des 25. Deutschen Soziologentages in Frankfurt am Main 1990. Frankfurt/Main; New York